U0922093

珍藏本

纪念版

汉译世界学术名著丛书

比较城市化

——20世纪的不同道路

〔美〕布赖恩·贝利 著

顾朝林 汪 侠 俞金国
赵玉宗 薛俊菲 张从果 译
彭 翀 杨兴柱 刘贤腾

2017年·北京

COMPARATIVE URBANISATION

Divergent Paths in the Twentieth Century

汉译世界学术名著丛书
（120 年纪念版·珍藏本）
出 版 说 明

2017 年 2 月 11 日，商务印书馆迎来 120 岁的生日。120 年前，商务印书馆前贤怀揣文化救国的理想，抱持“昌明教育，开启民智”的使命，立足本土，放眼寰宇，以出版为津梁，沟通中西，为中国、为世界提供最富智慧的思想文化成果。无论世事白云苍狗，潮流左右激荡，甚至战火硝烟弥漫，始终践行学术报国之志，无改初心。

逐译世界各国学术名著，即其一端。早在 20 世纪初年便出版《原富》《天演论》等影响至今的代表性著作，1950 年代后更致力于外国哲学和社会科学经典的译介，及至 1980 年代，辑为“汉译世界学术名著丛书”，汇涓为流，蔚为大观。丛书自 1981 年开始出版，历时三十余年，迄今已推出七百种，是我国现代出版史上规模最大、最为重要的学术翻译工程。

丛书所选之书，立场观点不囿于一派，学科领域不限于一门，皆为文明开启以来，各时代、各国家、各民族的思想与文化精粹，代表着人类已经到达过的精神境界。丛书系统译介世界学术经典，引领时代思想，为本土原创学术的发展提供丰富的文化滋养，为推动中国现代学术和现代化进程做出了突出的贡献。

为纪念商务印书馆成立120周年，我们整体推出“汉译世界学术名著丛书”120年纪念版的珍藏本，寄望既利于文化积累，又便于研读查考，同时向长期支持丛书出版的译者、编者和读者致以敬意。

两甲子后的今天，商务印书馆又站在了一个新的历史时间节点上。我们不仅要铭记先辈的身影和足迹，更须让我们的步伐充满新的时代精神。这是商务人代代相传的事业，更是与国家和民族的命运始终紧密相连的事业。我们责无旁贷，必须做好我们这代人的传承与创造，让我们的努力和成果不仅凝聚成民族文化的记忆，还能成为后来人可以接续的事业。唯此，才能不负前贤，无愧来者。

商务印书馆编辑部

2017年10月

译 者 前 言

城市化曾经是 20 世纪对人类社会产生最大影响的社会过程，特别是“二战”以后，西方发达国家科学家一直在关注城市化研究。本书是布赖恩·贝利(Brian J. L. Berry)的代表作。也是西方国家 20 世纪 80 年代前城市化研究最重要的研究成果。

本书通过世界不同国家和地区城市化过程的比较研究，认识到在 20 世纪快速城市化过程中，尽管城市化存在很多共性，但是城市化的道路却各不相同，差异化主要源于文化背景及发展阶段的不同，并产生了多样化的人类后果。本书首先分析了 19 世纪工业城市化的特征，讨论 19 世纪发生在城市中的社会转型所引起的人口和社会运动，并指出城市规划的出现是作为对城市负面影响的一种反馈。其次，对北美、第三世界国家、欧洲城市化的过程进行描述和分析。关于北美城市化动力机制和人文结果，从规模、相互作用密度和内部差异三个方面来进行解释。贝利认为伴随着美国出现的马赛克文化，美国的规划方式也趋于支持私有化和马赛克文化，而不是提高规划客体的生产性。关于第三世界城市化的道路，作者认为不同于西方。在乡村向城市社会转型中，人口主要迁移到大城市的外围聚落地带；在城市经济对劳动力进行吸纳时，会产生空间扩散、阶级冲突以及次文化马赛克等问题；第三世界政

府以西方的理念为基础进行了城市化的速度、规模和方向的控制，但其政策很少具有预见性的结果。关于欧洲城市化的道路，不同于 19 世纪西方工业城市化，也不同于北美和 20 世纪第三世界国家经历的城市化过程。在欧洲的不同国家，差异化的形成缘于技术变革、国家意识形态、规划公权力的交互作用，并对人类社会产生了相应的多样化后果。第三，对 20 世纪 70 年代的城市化过程进行诠释。认为北美的城市化过程，既是技术进步驱动的结果，又是社会变革驱动的结果。在以经济驱动为主体的情形下，以一种反馈和保守的方式对公众的利益进行表达，以解决出现的问题。第三世界城市化的过程不同于北美城市化过程，主要缘于不同的文化背景、不同的技术影响，尤其是追求最大利润的驱动机制不同，包括竞争机制、公众利益表达等。欧洲的城市变化主要表现在公众利益的变化、公私关系变化以及城市化形式等方面，欧洲有着控制城市变化的多种有效方法。最后，本书还结合 20 世纪 70—80 年代的状况，发现世界不同国家和地区的城市形态和过程的差异化在进一步扩大。美国经历了加速分化和强有力的“逆城市化”现象。西欧和其他新市场经济国家，则把更多的平衡力转移到城市的离心化和分散化。在发展中国家，一方面人口一直集聚在大城市，另一方面西方并不存在的很多城市化问题出现在第三世界。

20 世纪 80 年代以来，信息化和全球化再一次推动和调整了世界城市化的进程，也使城市化的研究进入新时期并衍生出许多新方向。相关研究发现，世界上主要城市的快速发展与两个全球过程相关，第一个是经济全球化，第二个是生产性服务业的快速增长。世界城市化趋势表明大城市、尤其是世界城市(全球城市)发展迅速。世界经济增长与大城市发展相辅相成,全球化正在重塑全球城市体系,使得加入全球化过程的一部分城市增长迅速,而远离全球化过程的城市普遍处于衰退。

进入21世纪,中国的城市化已被公认为是世界经济增长与社会发展的两大驱动因素之一。国际上一流的研究机构(如联合国人居署、世界银行、国际系统研究所、福特基金会、梅林基金会、日本振兴会等)和顶级专家(如约翰·弗里德曼和约翰·罗甘等)都纷纷将目光转向中国城市化研究。国家发展与改革委员会曾于"十五"期间积极推进实施城市化战略;最近国家实施中长期科学和技术发展规划战略研究,也将"城市发展与城镇化"列为第11专题。中国城市化进入加速发展时期,也成为国家经济增长的推进器。

然而,一方面,由于中国正处在由计划经济向市场经济过渡的转型时期,国外发达资本主义条件下发展的城市化理论难以直接引进并加以应用,国内原有在计划经济条件下形成的城市发展理论也难以适应新的发展,所以在推进城市化进程中也面临一系列科学问题;另一方面,当代中国城市化的发展背景远比西方发达国家城市化高潮时期以及大多数发展中国家面临的状态和问题更加错综复杂。中国持续、快速的经济增长和工业化,对城市化的拉动越来越强。与此同时,数以亿计的农村剩余劳动力形成的城乡迁移、跨区流动,对城市化的推动作用无与伦比;此外,全球化、信息化也在对沿海发达地区城市化施加越来越重要的影响。从这个意义上来说,西方学者创立的城市化理论,无论是发达国家城市化理论，还是第三世界城市化理论，其理论框架虽然不能完全适合中国的国情和城市化研究的现实，但对构建中国特色的城市化研究理论框架是非常有科学意义和价值的。

2007年4月于清华大学

献　给　简

目　　录

致　谢

拙作出版，得益于多位专家、学者的宝贵建议及帮助，在此表示诚挚谢意！他们是：珍妮特·阿布-卢格哈德（Janet Abu-Lughod）、约翰·亚当斯（John Adams）、罗伯特·亚当斯（Robert McC. Adams）、威廉·阿隆索（William Alonso）、道格拉斯·卡鲁索（Douglas Caruso）、迈克尔·迪尔（Michael Dear）、罗杰·唐斯（Roger Downs）、艾利森·邓汉姆（Allison Dunham）、约翰·迪克曼（John Dyckman）、丹尼斯·费尔（Dennis Fair）、克劳德·费舍尔（Claude Fischer）、杰克·费希尔（Jack Fisher）、约翰·弗里德曼（John Friedmann）、彼得·戈欣（Peter Goheen）、史蒂文·戈朗（Steven Golant）、彼得·古尔德（Peter Gould）、斯科特·格里尔（Scott Greer）、彼得·霍尔（Peter Hall）、尼尔斯·汉森（Niles Hansen）、昌西·哈里斯（Chauncy Harris）、桃瑞丝·霍利布（Doris Holleb）、约翰·卡莎德（John Kasarda）、罗伯特·莱克（Robert Lake）、纳撒尼尔·李斯维可（Nathaniel Lithwick）、艾金·马布高基（Akin Mabogunge）、哈罗德·麦金尼（Harold McKinnery）、杰克·梅尔策（Jack Meltzer）、威廉·迈纳（William

Miner)、德里克·莫分(Derick Mirfin)、曼宁·纳什(Manning Nash)、约翰·奥斯曼(John Osman)、费伦茨·普罗巴尔德(Ference Probald)、约翰·塞利(John Seley)、阿里·沙哈尔(Arie Shachar)、米尔顿·辛格(Milton Singer)、霍华德·斯波德克(Howard Spodek)、杰拉尔德·萨特利斯(Gerald Suttles)、哈里·斯温(Harry Swain)、克里斯多佛·索恩(Christopher Thorne)、彼得·泰森(Peter Tyson)、保罗·惠特利(Paul Wheatley)、尤林·沃伯特(Julian Wolpert)、马歇尔·沃登(Marshall Worden)、梅尔文·韦伯(Melvin Webber)。还要感谢为专著出版付出辛勤劳动的人士:道格拉斯·卡格(Douglas Cargo)花费很多时间处理文中插图;昆廷·吉拉德(Quentin Gillard)、玛丽·格瑞尔(Mary Grear)在编排目录、打印手稿过程中付出很多辛苦,在此一并致谢!

最后特别感谢我的夫人珍妮特(Janet),她的无私帮助让我有充足的时间旅行、撰写和修改此书。没有珍妮特,本项研究工作是很难完成的。

贝利

伊利诺伊州帕克福雷斯特

1973.1

也要感谢为本书第一版提出建议性批评意见，以及与本书观点相左的人。第二版更正了第一版的错误之处，补缺了遗漏，并新增了 1970 年以后的一些内容作为新的一章，同时消除了出现在第一版中的争议。

贝利

马萨诸塞州西阿克顿

1981.2

前　言

由于杰出的英国社会学家约翰·马奇(John Madge)的过早去世,克里斯托弗·索恩(Christopher Thorne)盛情邀请我填补他的系列出版物的空白。缘于学识浅薄我勉强接受。指定的书名为《城市化的人类后果》(近 6 万字),将其作为"20 世纪的变革丛书"的一本。尽管早年接受过经济学、政治学等方面的专业学习,也从事过城市社会学方面的研究工作,并渴望参与城市与区域规划,但是这对于一位早期从事计量地理研究的学者来说,实在是勉为其难。开展工作初期,过去的学习和研究经历给了我一个好的开端,没想到我能按照计划时间完成,也没意识到,就是这段经历,国家政策和社会变化会最终成为我的研究方向,这也给我重新审视初稿的一次机会。

近年来,我作为专业地理学家、城市化教授和规划咨询专家,有幸能够访问全世界以及许多世界性的城市(除了中国和北非)。在这些旅程中,我也有幸与决策者、城市与区域分析师和规划师一起工作,也有机会看到和感悟到当今世界的城市状态。

在这些旅行中,有一件事情似乎变得很清晰。这就是我不应该再写通常运用数学方法的非常技术、比较狭窄的专业论文,而是明显感受到有责任从全世界的角度就 20 世纪的城市化及人类后果发表实在的和意识形态领域的看法。这样的需求主要是因为我看到全世界的规划师，在一种特别常规的知识(conventional wisdom)理论框架下，为了产生“均衡的”城市化，为了创造更为人道的城市环境，都试图去阻止大城市的增长。而现实世界是，许多城市的规划并没有编制或实施，日益增长的城市人口向我们发出紧急的警报。

在我旅行时，我发现许多城市政策的理论基础来自“19世纪工业城市化”这一章中的社会理论。因此，我开始认识到正在经历的很多问题源于这样一个事实：常规的知识不再奏效。20世纪快速城市化过程中，通过对世界不同部分的比较，使我深信，尽管城市化存在很多共性，但可以肯定不会只有一种，而是有多种路径，各自的成因及相应后果不同。现在许多实用型城市学家也开始认识到需要构建新的理论框架，以应付不同社会政治背景下的城市化过程研究。

因此，在本书中，我所做的是不承认这样的观点：城市化有一个通用的过程，是一种现代化的产物，城市化在不同的国家可能具有相同的事件发生顺序，城市化也能够产生积极的集聚形式。我不会关注由于现代化和工业化影响下的潜在的技术主义作用，去描述几个特殊的过程，而是试图获得一种认识。我强烈感受到：不仅要讨论在不同文化和时段已经产生差异的几个基本的不同过程，而且还要讨论这些过程在世界不同地方所导致的不同响应结果，这些会超越肤浅的相似性的描述。

如果能够从单一过程理论中获悉常规的知识，那么对所承担的一项分析写一篇典型的、学术性强的报告本应该是件容易的事情，但这样做既是一种学术上的不诚实，也是对我所见到的全世界的需求的一种不负责任。我选择了一条更为困难的路径，对很多事实加以提炼，以我个人的观察和经验去诠释其特征，这样做既是对专家的一次挑战，同时也期望告知普通读者一个事实。

xii 第一章运用社会理论的常规知识对19世纪的工业城市化进行评判。对19世纪工业城市化的本质的审视为先后出现的几本重要著作提供了背景。这些著作描写了城市的社会转型、人口社会运动以及城市规划对城市健康和社会生活的负面影响。

第二章深入分析北美城市化的经历。首先对北美进行详细的讨论，主要基于以下几点考虑：很明显它是我最熟的典型案例区，因此，毫无疑问可以通过它构建后几章运用的理论；但更为重要的是，北美已经发生和正在发生的变化还不太被世界其他地方所了解，这些地方仍然存在这样一种态势：把美国城市在20世纪中叶所具有的形象作为是世界其他地方的城市应该成为或者可能成为的一个理想画面（或者说幽灵）。但是很明显，事实已经不再如此。在北美，很多关于城市化的人类后果的传统社会理论，是两次世界战争期间由芝加哥学派的城市社会学家们所创立的。北美城市化过程被快速的经济和技术变化所主宰，相对没有受到公共干预的束缚，有理由为其他地方的城市决策者们提供借鉴。不过这些变化首先产生了一种新城市形式，即汽车时代的离心化大都市结构。其次，在最近，出现了又一种完全新型的城市区域，这些区域从属于互相依赖的国家网络以及强化的地方文化和生活方式。在新的环境下，有学者对传统的社会理论去进行验证或者持质疑态度，甚至有人对城市化和城市能否作为相关的类别加以分析感到怀疑。

在第二章中，我试图构建另一种理论基础，运用于当今新形势下的美国。

第三章主要讨论第三世界国家。通常认为，由于现代化的扩散作用和城市化的发生，第三世界会经历类似于西方19世纪的历程。本章在于探究这种理论的不足之处。第三世界国家的文化基础不同，城市增长速度更快，在城市增长和社会政治环境之间存在着不同的联系。其结果是新的城市形式和崭新的社会环境出现。
然而，在第三世界，接受西方教育的政策制定者利用19世纪城市 xiii
化的模式提出解决办法，要么与其一致，要么反对这种模式。无论采用其中的哪一种，他们的政策很少具有预见性的结果。

第四章讨论欧洲的几个城市，其经历不同于19世纪西方工业城市化，也不同于北美和20世纪第三世界国家的城市化过程。在欧洲的不同国家里，差异形成缘于技术变革、国家意识形态、规划权力的交互作用。总之，这种交互作用产生了显著不同于其他地方的城市化过程以及多样化的人类后果。

第四章才论及欧洲是出于一个非常特殊的原因。无论现成的理论还是常规的知识，都无法诠释当今世界的几个进程，尤其那些探索性的、微妙的、例外性的进程，无法去利用社会变化以达到明确的目标。当目标与反对19世纪工业城市化产生的人类后果的反应不符时，情况就更是如此，在欧洲的大部分地区都是这样。因而，本书尝试结合这些新的社会变量去构建新的理论实体，欧洲的经历有助于实现这一目标。

结合欧洲的经历，第五章试图去诠释20世纪70年代的城市化过程。就公众规划形式而言，假定它们的社会、政治环境特征不

同。因此，在竞争性谈判及利益群体政治的环境中，北美城市化过
程既是技术驱动也是社会变革驱动的结果。美国作为主流，其强
大的经济力量在运行时会产生一些问题，于是公众的利益以一种
xiv 被动和保守的方式来进行表达，这样做是为了减少问题的出现。
虽然进行了很多尝试，第三世界城市化仍被视为难以控制的动力所产生的结果，因为公众力量被强大的变化淹没了，尽管第三世界具有高度的集权和权威日益加强的政府形式。第三世界城市化的过程不同于北美地区，缘于不同的文化背景、不同的技术影响。此外，北美地区奉行利己主义，实施竞争性操作，重视公共考虑，注重联合表达和公共呼吁，第三世界则不是这样，这也是二者城市化过程不同的主要原因。另一方面，欧洲存在控制城市变化的多种有效方法(城市变化主要表现在公众利益的变化、公私关系变化以及城市化形式)。在每个个案中，城市化的人类后果均可作为公共干预后的城市化过程的一部分；引导方式的变化导致了不同的结果，许多个案的结果显著不同于传统智慧的思考。

最后一章是在第一版的基础上新增加的内容，结合 20 世纪 70 年代和 80 年代的情况，再次证实集聚假设存在明显不妥之处。的确，正如本章的标题一样，1970 年以后城市的差异进一步扩大。所述的变化特征，在市场经济、福利国家、发展中国家以及诸如此类的环境中，也发生了变化。市场驱动是一种强大的动力，许多规划师的构想被认为存在着缺陷，需重新审视传统的文化价值。更
为重要的是，变化本身的性质在加速变化，这些已变得极为明显，
xv 变化速度之快，常规的知识已难以与之匹配。

第一章　19世纪工业城市化

在19世纪出现了一种建立在生产力极大提高、大量人口和工业技术基础之上的新型城市。到这个世纪末，这种新型城市则已经在全新准则的社会生活系统中运行。在20世纪上半叶，这些准则先后被一些社会哲学家们编撰成文，也同时为学者和公众当成公理所接受。新城市中的新问题产生不同的社会运动，这些准则成为常规的知识，以指导通过公共干预去寻求问题解决的方法。在公共干预的过程中，可以找到现代城市规划的渊源。城市规划用来控制和引导城市化过程，目的是改变城市化对人类的影响。因此，为理解20世纪城市化，我们必须从19世纪的经历开始，这是本章的用意所在。

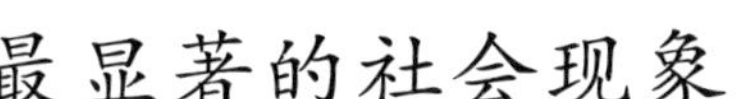

最显著的社会现象

我们应该从哪里开始？这需要一条基线。在社会学中，这些基线很少见，所以我们很幸运，可以从阿德纳·费林·韦伯(Adna Ferrin Weber)的代表作《19世纪城市的成长》(*The Growth of Cities in the Nineteenth Century*,1899)中找到这些基线。该书是第一本概念化的、较好地对城市进行综合统计研究的英文著作。

韦伯跟其他的同行一样，意识到 19 世纪的急剧变化。他首先提到："当前最为显著的社会变化是人口在城市的集聚……在西方世界，向心或者集聚现象成为普遍的趋势。"韦伯然后开始思考
1 问题和解决问题，导致人口转移等变化的动力是什么？这种变化能否持续？最终结果是什么？人口重新分布所带来的经济、道德、政治和社会的影响是什么？时事评论员、政治家、教师等如何看待这样的问题？韦伯说：

> 这些问题不能找到临时答案，因为它们是引发或者触及当今许多重大实际问题的重要组成部分。对于人们来说，摆在他们面前的社会问题很大程度上就是城市发展中所经历的最大问题。因此，弄明白运动的程度、未来趋势、驱动力、即将发生和最终发生的后果、可能的弥补措施，这些才是最重要的。

为此，我们不得不承认，在 75 年后，即使在一些运动中有新力量试图采取一些弥补措施，这些问题仍然同样存在。正如韦伯试图为他的时代问题提供答案一样，我们也试图为当代问题提供相关的答案。

19 世纪城市化的尺度和原因

韦伯很谨慎和细心，他从一个国家到另一个国家查明可获得的数据，对相关概念、统计的可靠性提出质疑，寻求不同数据之间的可比性。他在书中指出："为了能在不同的国家间对城市人口进

行比较，为保证研究的可靠性，作者以镇（Town）为单位，采用实际集聚的人口，而不是利用自然区或行政单元的人口数据。”最后，他得以对 19 世纪的城市化状况进行了统计分析。

韦伯接着又写道：“最深刻的印象是不同国家城市人口的比重不同。”然后，他开始验证解释这些差异的一系列假设。这些变化中最容易揭示的是人口密度，不过他统计分析后认为，除了人口外还有其他的因素产生了集聚。这些因素是什么呢？韦伯证明最早开始于英国的工业革命和美国的铁路时代，是影响人口重新分布的最为重要的因素。

后来，著名学者西蒙・库兹涅茨（Simon Kuznets，1966）的分析证实了韦伯的假设。库氏认为 19 世纪西方最为显著的特征是： 2
伴随着人口的实质性增长（每 10 年的增长率超过 10%），人均产值增长加快（每 10 年增长率从 15%递增到 30%）。这就意味着伴随总产值的高速增长和自然资源的高消耗，不同经济和社会团体的差异性扩大。经济增长很大程度上缘于生产技术的改善，仅有很小部分是由于劳动力、资本和自然资源的投入，人均产值增加额的 1/5 是来自每个工人的劳动时间的增加和体力的消耗。增长首先缘于投入要素质量的提高，有用知识的增加、工业组织的改进、体制安排的完善，这些都带来了更为高效的增长效率。现代产业中的所有部门均为高效增长，而农业尽管已有大幅增长，但增幅一般是最慢的；交通和通信也有很大的发展，甚至超过工业；服务业增长比较缓慢。

不同产业部门的生产效率增幅不同，其相应的重要性也在变化。农业部门地位下降，制造业和公共服务业地位上升；制造业内

部也发生了转变，产品越来越满足需求。一些服务业部门的份额上升，如个人服务、专业服务和政府，而其他的部门则有所下降，如家政服务。同时资本分配也在变化。

与此同时，最终需求的结构也有显著变化，在生产过程中它既是变化的原因又是变化的结果。技术进步和变化的需求收入弹性，形成了复杂的随机关系，这些关系涉及资源在区域内的重新分配的流动，劳动力比重在不同部门的变动，对外贸易的高速增加，以及劳动国际分工等变化。

其他变化还有：由于产品和劳动力从小公司和组织向大的公司和组织进行明显的快速转移，导致生产单位的平均规模增加。
3 在制造业和公用事业部门，这种变化是显而易见的，因为技术进步带来了更大的资本投资和规模经济。以下方面在重要性上也会发生相应变化，即从自给自足到被雇佣者的身份转移、从独立公司到非个人的大公司转变、从自己当老板从事家庭生产到雇员或者工人身份的转变。

最后，资本分配、生产和劳动力的转移，相对依赖于快速的体制调整和投入要素的流动能力。例如，最终需求的转变及劳动分工，通常会引发人口、劳动力等方面的地理分布和类型上的连锁反应。需要有大规模的人口空间移动和大量的职位，以适应需求变化及生产单元的类型变化。

简言之，在19世纪西方国家的现代化的过程中，随着社会的现代化，市场机制的作用范围和影响力不断扩大，生产单位规模不断增加，生产的复杂性及产品数量也在增加。而随着范围及复杂性的增加，导致了在使用交通、通信、金融和政策等方面服务时的非人性化。

伴随生产力的不断发展，劳动分工和专业化程度日益增加，必然成为城市人口聚集的驱动力。随着人口的这种转移，经济就业结构（作为人口的一部分）也会发生变化。日益增加的劳动分工、市场不断扩大、城市化加速等均需要或产生了以下结果：过去从事农业以及那些原始生产中的非熟练工人，转向了技术型的白领职业或高层次的职业，这些职业绝大部分在城市集聚区。旧的体制从根本上受到震动，新的体制开始建立起来，在金融和市场体制方面更是如此，从而引发了社会、经济因素在城市的高度集聚，使得更高效率的生产力成为可能，现代体制变得更为有效。因此，在初期的现代化撼动了传统的社会结构以后，外部经济得以建立起来，导致传统经济行为模式产生了更大的变革。以上过程互为因果、
互相依赖，是一个复杂性不断加剧的循环。 4

人口迁移和自然增长

韦伯预见到了库兹涅茨的很多详细的研究结果。与库兹涅茨的研究相比，韦伯在探索工业城市化的人类后果方面则走得更远。韦伯研究分析表明外来移民导致城市人口增长。他对移民流的特征是什么、移民的主体是谁、为什么移民等问题产生了疑问。韦伯发现移民研究需将城市人口的自然增长与城、郊的合并区分开来，尤其是 19 世纪城市已起到相反的作用。早期，城市由于死亡率超过了出生率被称为“人类的破坏者”，不过后来他研究发现人口出生率超过了死亡率，虽然在不同国家间存在着相当大的区别。

韦伯通过细致的统计分析探讨城市移民的特征。结果表明向

外移民主要是农业地区，流向制造业和商业城镇。迁移多为短距离。当大量的移民在城镇周围居住后，城市对大量劳动力的需求得到满足。移民导致了乡村地区的人口短缺，而更为遥远地区的移民会搬迁至此以填补空缺。这个过程会一直继续，直到最遥远的乡村地区也能够感受到快速成长的城市吸引力影响。

对任何城市而言，边远地区的移民被看做是距离的衰减。韦伯也发现，移民的迁移距离随着其前往目的地规模的不同而不同。城镇越大，其吸引移民的影响半径越大。小城市相当于一个磁石吸引周边乡村的人口，大城市吸引其他省域的人口。只有大都市对移民具有国际性的影响。此外，大城市不仅从更远的区域吸引更多的人口，而且这些人口中很多是来自其他较小的城市，在人口向大城市集中的过程中，这些小城市作为过渡地点，“具有内部移民模式的特征……是一种渐进的过程，从农场到乡村，从乡村到城镇，从城市到大都市。”从城市移民出去的人是怎样的呢？“一般遵
5 循早已形成的普遍规律，最为显著的特征是：短距离……因为其中大部分是直接到城市郊区。”

移民的特征是什么呢？韦伯发现，女性移民比男性多，目的是为了缩短距离，更多的是出于婚姻而非就业的考虑；移民中年轻的成年人占很大比重，年龄段在20—40岁之间的移民占总数的一半以上；80%以上的城市人口不是在本地出生；2/3的移民居住时间不超过15年。

新城市的人口结构

韦伯的下一步研究是分析新城市人口的结构，他认为在评估

城市集聚的过程对国家的产业和社会生活所产生的影响之前，非常有必要研究城市人口的结构以及城市人口本身的构成。尽管有人说人口的特征对于人们生活的影响在下降，但事实上任何人口自然构成的差异确实能够解释它的很多特征。1899 年城市人口的显著特征是什么？韦伯发现城市中女性和外国人人口比重较乡村地区大，离婚率也高出 3—4 倍；性别比（女性人口与男性人口的比率）分布更有规律，城市越大，性别比越高；在结婚率方面，城市越大，同年龄段的结婚率下降；出生于城市之中的女性人口过多，新移民人群则不然；与乡村地区相比，城市中女孩出生数比男孩少，但婴儿死亡率男性比女性高；暴力是男性死亡的重要因素；在城市职业构成中，男性所从事的工作比女性危险；同样，恶行、犯罪和其他要素也是缩短寿命的重要因素。

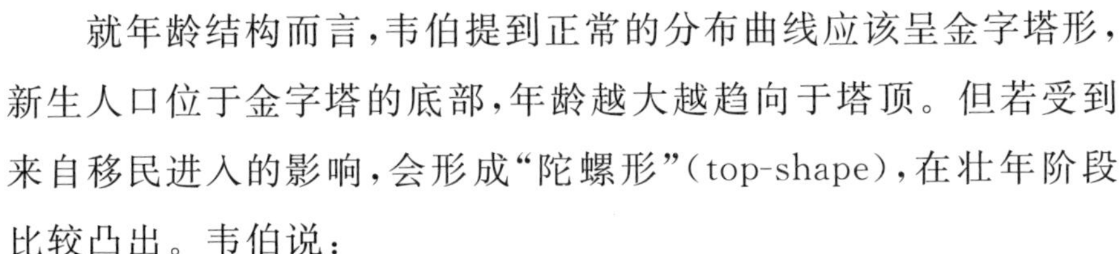

就年龄结构而言，韦伯提到正常的分布曲线应该呈金字塔形，新生人口位于金字塔的底部，年龄越大越趋向于塔顶。但若受到来自移民进入的影响，会形成“陀螺形”（top-shape），在壮年阶段比较凸出。韦伯说：

> 在有很多青壮年在城市中……这些人期望城市生活更为
> 容易以及更具有活力，在城市中具有更多的资源和企业，思想
> 更为激进，很少保守，更为凶险，犯罪更多，人们更容易冲动；6
> 由于年龄分组原因，在城市中应该出生率高而死亡率低。

韦伯同时发现，死亡率最低的是乡村地区，伴随城市规模的扩大死亡率会上升，主要因为婴儿的高死亡率所造成。

很明显,人口的集聚会极大地降低人的活力。有人认为城市过高的死亡率是由于缺少洁净的空气、水和充足阳光,以及不清洁的生活习惯所导致。一般而言,贫穷通常与不卫生的环境相伴生,居民贫穷、住房过度拥挤、高死亡率是城市质量差的居住区中司空见惯的现象。

但是,最为棘手的问题是:建立规章制度、改善贫民窟卫生工作、增加公共澡堂等不足以解决这些问题。

就其他方面而言,教育被认为是教导城市居民养成好的卫生习惯的有效办法。教育无疑是一个长期的、艰苦的过程,但它又是一个充满希望的过程,并能够形成现代民主的基础。

韦伯最后通过观察总结认为:

> 鉴于为增进城市健康所做出的努力,人们很自然地期待近期死亡率的降低,这种进步是明显的,大城市已经领先一步。

城市化与道德准则

这些数据是否意味着城市化必然会带来颓废和道德沦丧呢?韦伯认为这个看法值得商榷。莫顿等(Morton and Lucia White,1962)通过回顾过去认为,城市人口在生理和心理上都没有乡村人口精力充沛、能干。城市是人种堕落的地方,城市生活是堕落的根源。他认为城市成长如同其所依赖的制造业的成长那样,有助于技工和工厂工人的发展。本地人与新移民比较,工作环境更好,城市人口生活在一个更为有效率的生产单元。人口在城市集聚,促成精明能干之人脱颖而出；乡村人口来到城市，被看做开始缓慢地向社会、经济的上层攀爬；与乡村相比较而言，城市生活产生或者 7
留下很少的弱势群体，比如盲人、聋哑人、弱智等；另一方面，城市生活也导致精神病人增加。城市人口接受过较好的教育。城市人口中信仰宗教的人很多，但是教堂却比小地方要少。

另一方面，他认为城市同乡村社区比较而言，具有更高的自杀率，“自杀是城市成长所付出的代价之一……缘于与生存作斗争的过程中的失败。”犯罪统计表明城市犯罪率高过农村好几倍，“在城市中邪恶、不法行为很多，卖淫在城市中被认为是合法的，与乡村相比城市有更多类似的酒吧”。

总而言之，韦伯认为城市化的好处多于坏处。“事实上，不能忽视城市给我们带来的益处，正如我们正视城市给我们带来灾难一样。”从经济上而言，人口的大量集聚可很快扩大人们的需求，提供让人们满意的方式。这种好处也会扩散到周边地区，城市可以为周边地区的生产提供市场，有助于其多元化的发展。进一步而言，从社会理论出发城市同样影响着自由和进步思想。城市中人口的职业、兴趣和观点不同会摩擦产生智慧的火花，进而产生更为广泛的、自由的判断，以及倾向于迸发甚至是偏爱新思想、新行为和新观点等。作为政治中心、文化和科学的摇篮，作为产业和商业中心，韦伯觉得城市代表着一个最高的政治、智慧和产业活动的成就。他同时指出乡村人口不仅保守，而且充满着错误与偏见，他们受到的启蒙来自于城市。韦伯认为城市的增长，不仅促进国家经济和实力的成长，而且加速了国家的变化：

> 城市是社会的多面镜，通过人口的分析和筛选，对多元化的元素进行隔离和分类。文明的整个过程是一个多元化的过程，而城市是多元化的制造者。

8 但是，他告诫道：不是所有的都是积极的。如果城市过于多元化，可能产生极端。城市中令人绝望的贫穷与最耀眼的财富并存。阶层对抗的严重危险性、城市政府的复杂性、责任的多重性，都导致政府监管任务成为最困难的事情。流动人口作为移民的必要组成部分，加剧了这种困难性。而且，他认为工业体制

> 产生了自我为中心、自我追求和追求物质的态度的危险……城市之间的不断移动的人口必然会遭受这些道德败坏的影响，没有人能够用冷静的眼光来看待这些……城镇越大，道德的凝聚力越弱。

理论体系的出现

韦伯并非是世纪之交第一个意识到这些问题的人，很多学者也意识到这些变化，并认为需要进一步调整以期待事情朝更好的方向发展。弗雷德里克·C. 豪(Frederic C. Howe，1905)和林肯·斯蒂芬斯(Lincoln Steffens)一样，是美国最有影响力的激进作家之一，他们明确指出：

> 现代城市在人类文明中标志着一个时代的到来，由此诞生一个新的社会。在所有关系中，生活在不断改变，一个新的文明已经诞生……社会已经演化为一个有机体，正如人类自身一样，具有头脑、心脏和神经系统……它是一个能动的有机体，具有意识，能够做出一致的行动，能够反应，能够准备，具备智能……有助于形成一个明确的政治和社会理念。

当这些期待被表达出来的时候，欧洲社会哲学家们在忙于将他们感到由于工业城市化导致的这些革命性的变化编撰成文。一些基本问题被提出来，它们是:城市生活产生了什么差异？为什么形成了这些差异？因而在20世纪上半叶形成的理论对于学界具有导向作用，产生了关于城市的思想，同时激励很多社会活动家和规划师制订规划和政策。

工业大都市被公认为社会的分水岭，欧洲学者的意图是寻求将变化规则变成法典，因而发展了与之相对照的理论。学者们在强调区分分水岭的根本性变化的时候，传统和现代的两种社会类
型之间的两极分化表现出来。 9

梅因爵士(Sir Henry Maine，1861)描述了这种显著区别。他看到了包括家庭依赖性逐渐解体和个人责任增加的进步。这也包括建立于个人在家庭中所处位置基础上的继承责任，渐渐被契约和有限的责任所替代。梅因指出，这种从身份到契约的变化是按照对财产(尤其是土地)的占有方式而同时进行的。在乡村，土地被家族所共同拥有，而在城市中土地成为重要的可以交换的商品，所以个人可以不再依附于土地或者家庭。

继梅因之后，德国社会理论家滕尼斯（Ferdinand Tönnies，1887）认为，在所有文化系统的历史中存在两段显著不同的时期。他认为现代国家、科学、城市和大规模的贸易，代表了由第一阶段到第二阶段转变过程中的初级行动者，因此在不可逆转的社会变革中发挥作用。他称第一个时期为礼俗社会（gemeinschaft），社会中组织的基本单元是家庭或靠血缘维系的族群，作用和责任是由传统的权威所界定，社会关系是本能的和惯常的。合作为习俗所左右。第二个时期，他称之为法理社会（gesellschaft），其中，社会和经济关系建立在个人之间的契约上，个人具有专门的角色；对于个人的回报不再是基于世俗的权力，而是基于竞争性的劳动力价格。劳动力成为市场中重要的生产要素之一。对个人产生影响的不再是亲情关系，而是专业中的同行。家庭关系成为次要因素，社会关系是基于理性和效率，不再是基于传统。

涂尔干（Emile Durkheim，1893）在滕尼斯的理论基础之上继续深入研究。涂尔干认为日益分化的劳动分工是一个不可改变的历史生物过程，它使得人类文明从片段走向有组织。片段化的社会是建立在血缘关系之上的，是由相似的无所不包的家族的演替所构成。现代化的过程将这些小的社会群体融合成大的集合体，结果形成国家。另一种则是社会职业组织，根据个人在社会中的
10 行为属性对其进行分组。由于社会劳动分工日益深化和城市人口数量增加，交流和接触的机会则大幅度增长。

西美尔（Georg Simmel，1902）也区别了两种社会状态，探讨了它们心理学上的关系。第一种是个人完全沉浸在直接接触的小社会圈中；第二种是个人在集体社会中承担专门的角色。前者，个

人的全部个性被其所在的群体所决定和主宰。而后者，个人参与到关系生活的每个方面的专业利益集团，在有限责任的条件下，个人受到保护。因此，西美尔看到乡村、小城镇的生活以及乡村与大都市之间鲜明的不同特征。前者特征是，在无意识的层次，具有稳定的生活节奏。而后者不断受到外部的刺激，需做出不断有意识的反馈。他认为大都市具有高度的个人自治的个性。个人变得更为自由，但也带来一种威胁：在处理个人的外部关系上基于非感情因素考虑，精于计算，往往会丧失个人特征。这是因为伴随群体规模增加，专业化程度也会增加，大都市多元化的特征也会越来越显著。

美国社会学家萨姆纳（William Graham Sumner，1907）也比较了这些差异。他区分了民间的方式（folkways）（满足人类需求的直觉的和无意识方式）和国家的方式（stateways）（受国家的体制所左右的契约关系），在无意识传统和有意识革新之间他看到了最基本的差异。前者更多的是受到社会制约，后者受到来自国家的调控和城市中经历的影响。正如威尔考克斯（Delos F. Wilcox，1907）所描述的那样，

> 城市的确是距离消失、多重利益的可见符号……在商务和专业分类中，一个人最为亲密的联系可能会分散在城市各处，他很少知道他隔壁邻居的名字……城市似乎在用不可思议的力量改变着人们，新来者会被同化，从而演变为城市人。

这种观点起源于马克思·韦伯（Max Weber，1920）的经典著 11

作。韦伯看到了主流趋势:在人类历史上社会理性不断增加。对于他来讲,传统行为对于惯常刺激的反应,会涉及自治反应,进而影响行为,一个国家的社会关系也是共同的。另一方面,在现代社会中,在社会关系变得相互关联的情况下,个人行为主要依靠理性的自我意识,在后一种情况下,社会具有契约的特征。个人被一种理性想法所引导,认为存在着合法的义务,并且理性地期待其他组织会去践行这些义务。方法和结果因此而不同,公共机构设法调控随之发生的契约行为,并提供确定性的原则,接受当局管理。

我们试图总结概括社会哲学和理论家所讨论的显著区别(表1)。他们所认同的常规的知识强调:触及公共生活所有方面的无所不包的初级社会关系,是建立在情感、习俗、亲情关系和世袭权力的基础上的,会被基于分工的非个人的二级关系取代。在新的城市有一种暗示表明:对于象征性因素越来越依赖,"地位符号"标志着一个人身份和在社会关系中的地位;通常二级契约被认为会产生同质、非正常、社会的失序。原因在于,非正式的社会控制,以及经过长时间才形成的,建立在社会习俗、道德和社会体制之上的社会凝聚力,会被一种控制系统所取代,这种控制系统是建立在法律、行政命令、警察、小集团内的制裁等基础上。以上因素的综合作用也不能取代最初的群体之间的联系,因而不能阻止社会主要方面的无组织的现象发生。

伴随新城市生活方式的变化,家庭曾经是生产、消费、教育的单元和爱巢,包括了个人的大部分功能。而今的家庭已经转变为专门的二级群体,功能很少。伴随这样的变化,家庭由大家庭转向核心家庭。在更为一般的层次,官僚机构出现,因为没有他们庞大的社会难以正常运转。因为现代化创造了高度专业化和差异化，彼此间的相互依赖加剧，形成更为脆弱的社会，政府作为一种特殊形式的管理机构，数量在不断地增加。最后，在向完全的大众社会转型的过程存在着诸多摩擦，在社会快速转型过程中，社会和个人的无组织最为明显，尤其是移民，他们的第二代需由家庭文化转向 12
大众社会文化。

表1　前工业社会和城市—工业社会的区别

	前工业社会	城市—工业社会
人口	高死亡率，高出生率	低死亡率，低出生率
行为	特殊化，规定，个人扮演多元角色	普遍性，工具化，个人具有专业化作用
社会	家族联盟，扩展性家庭，种族凝聚力，在民族之间存在分野	分化，亲情关系第二，专业特征影响社会群体
经济	非货币或单一货币经济，地方交易，基础设施不足，手工工业为主，专业化程度低	以货币为基础，国家范围内的交易，相互依赖性强。工厂生产，资本密集
政治	非长期权威，规定性的习俗，人与人之间的交流，注重传统	稳定的政体，民选政府，大众媒体参与，具有理性的政府机构
空间（地理）	地方范围内关系，近域特征，社会空间群体在网络空间中复制	区域与国家相互依赖，在城市空间系统中，分工是基于主要资源与相对区位 13

城市化作为一种生活方式

美国社会学家刘易斯·沃思(Louis Wirth)在他的著作《城市化作为一种生活方式》(*Urbanism as a Way of Life*,1938)中将这些思想归纳为一条最为普遍的可接受理论:城市影响着社会关系。沃思同意把城市定义为大尺度、高密度、居民具有异质性的人口的集聚点。他所做的是从这些属性中总结出社会的交互作用方式及其对有组织的社会生活产生的后果,这已被早期的哲学家们所概括:非个人的、孤立的、原有的群体逐渐解体,为正式组织所控制。

比如,他认为规模越大的城市,人与人之间接触的机会越多。由于个人之间的相互依靠会涉及很多人,因此很少依赖于特定的某个人。因此,交流具有非个人特征,且是肤浅的、瞬息万变的,通常被简单地视为为达到个人目的手段。

新城市的第二个特征是,高密度的人口能够产生频繁的接触、快节奏的生活、城市亚区域的功能分化以及居住区的隔离,人们通过有意识的选择、无意识的流动或者为环境所迫,拥有相似的背景和需求的人们居住在同一个居住区域。对那些在专门的职务或者亚区域无法寻求安全生活的人们来说,功能失调的几率以及非正常的、病态的行为可能性会增加。

最后,异质性越大的新城市,可能引致一系列更多的明显的影响。沃思认为,由于背景不同,类型不同的人口往往强调视觉
14 的认同和象征主义,因而,居住区域成为身份的象征。没有共同的价值观和道德系统,金钱往往成为唯一的价值量度指标。不过,因为城市居民来自于不同阶层,经济等级差异往往会瓦解,

进一步的结果就是城市中政治运动的大量兴起以及多个利益主体的不断出现。

费舍尔(Fischer,1972b)分析了沃思的理论模型后,认为实际上该理论由两个部分组成,一个是基于涂尔干的社会学理论,一个来自西美尔的社会心理学理论。从结构层次上看,规模、密度以及异质性导致了差异化、形式化、体制化及社会的失序状态。从行为层次上看,对于城市中的神经刺激以及心理负荷的可能性,城市化可以提供更多可供选择的反应,城市具有更多的流动机会,当然也包括以社会孤立、失序的方式对城市生活进行适应。沃思通过非正式的方式将以上两种理论结合起来,他认为,在任何一个社会系统中,通过认知的调控对行为进行操作,实质上是一种个人行为的集聚。

基于这个基本理念,费舍尔将沃思的模型画了一张示意图(图 1),表明如何将规模、密度和异质性等基本的结构变量同个人行为进行关联,方式是通过高度的神经刺激,这种神经刺激需要个人做出可选择性的反应,以克服心理负担。通过对刺激的选择性反应,在城市结构中形成了不同的利益主体,因而又为个人的流动 15
性提供了机会。在主流社会中动态的人们为了寻求自我认同,创造了许多复杂性的体制策略,以保持不同利益群体的正式结合得以保持。这样做的结果也产生了次级关系,导致非个人特征及孤立性。太多的孤立,依次又导致了社会失序、情感的疏远以及个人的偏离。在沃斯眼中,城市化一方面促进了社会进步,另一方面也带来了负面影响。

结构层次	意识层次	行为层次
规模、密度和异质性 →	神经的刺激 →	选择
结构差异 →	个人差异 →	交互作用、流动性
正式的整合 →	非个人 →	孤立
社会混乱 →	疏远 →	非正常

16 图 1 刘易斯·沃思“城市作为一种生活方式”理论的因果关系路径

图件来源于费舍尔的著作。

城市规划的渊源

20 世纪上半叶，从传统的小社会到现代的主流社会的社会变化理论被社会科学家和社会活动家所认同。它为专家研究城市提供了分析框架，鼓舞社会活动者不断探索。一个新的职业——城市规划师，开始对城市病提出很多处理意见。

美国的规划史是令人感兴趣的，这不仅为着重描述 20 世纪美国城市化变化特征的第二章提供了铺垫，而且也反映了进步党的思想家们的信仰是如何从上文所讨论的古典思想中形成的，这些进步党的思想家们在世纪之交曾是美国的社会变革的领导者。美国规划史还反映了如何在进步党主义（Progressivism）中发现现代美国城市规划的许多影子，美国文化价值是如何将规划变成规定的形式。

进步党的思想

从 1890 年到第一次世界大战，进步党的知识分子当中，怀特（William Allen White）、豪（Frederic Howe）、亚当斯（Jane Addams）、福莱特（Mary Parker Follet）、杜威（John Dewey）、罗伊斯（Josiah Royce）、吉丁斯（Frank Giddings）、库利（Charles Horton Cooley）、帕克（Robert Park）等提出了他们的主要思想。将进步党主义视为一种单一的运动也许是不正确的。至少存在三种分化的思潮：社会公正、管理经济和政治民主（DeWitt，1915），进步党人士的主张充其量促成了通常处于矛盾之中的利益主体的联合，其中新出现的中产阶级希望通过自己的管理机构去实现他们的抱负（Wiebe，1967）。

这其中有几点相似的地方要指出来，进步党的知识分子把小城镇理想化为一个具有共同意识的社区，特征是亲密的面对面的接触、友好的邻里关系。个人所支付的代价是一致的，不过可以让人承受，甚至是值得渴望的。这里同时强调做好事，以个人的道德责任去工作。在他们的著作中盛行一种强烈的道德感知，以强调道德秩序为导向（Quandt，1970）。

进步党主义宣称，在城市化、工业化的影响下，这种小的紧密联系的群体在经历了年轻时代后，走向了断裂和分化。基于家庭、邻里和小城镇联合的社会组织正在被更加非个人和市场的脆弱纽
带所取代。劳动分工，连同现代通信和交通方式，已经创造了由相 17
互依赖的组合体构成的物质统一体——城市，产业的规模和复杂

性消除了传统的归属感。对应于这种经济网络的道德统一体还未出现,旧的社会控制形式已经弱化;在城市中的个人与社会现实已经失去了直接的、自发的、密切的联系。小镇上公众舆论的约束和邻里之间的共同目标正在缺失。城市过于复杂和非个人化,就个人而言难以创造出认同感。的确,政府机构的复杂性并不鼓励归属感,而且阶层间的冲突、社会阶层的复杂性和自然孤立性也阻碍了相互之间的理解。进步党主义认为迫切需要将更为精神和道德层面的整合与不断增加的社会自然整合相匹配。基于这种思潮,小的社区成为大的区域的尺度模型。其价值观强调隐私、相互认同以及面对面的交流,这些都出现在进步党主义对于城市、省以及国家的规划蓝图中。

福莱特强调面对面交流,寻求在公共学校、代理机构建立社区中心,用以整合地方组织,克服市民之间的冷漠。真正的民主思想主张通过直接的和经常的交流,每个人都有义务为实现社区的目标而努力。在这种框架下,美国的最为著名的社会工作者亚当斯,在芝加哥开始了她的赫尔大厦定居工程(Hull House Settlement),进而掀起了聚落住房运动(Settlement House Movement)。同样,在美国纽约,特威德(Boss Tweed)给地方自治政府施加压力,反对市政厅的控制以及腐败。

在国家层次,杜威和帕克认为通过交流和对社会问题的共同认知及反馈可促进社会进步;通过创造公平、构建合作的社会秩序,可以产生有目标的新社区,出现新的道德秩序。帕克认为应构建强调国家效率的统一体,科学地解决犯罪、贫穷和其他社会病。
18 要追求社会和谐,需要有共同的目标以及启蒙的手段(包括学校、出版社、情感画片和社会调查)。因此,大社区会变得物质化。含蓄的交流既是一种宗教理念,也是民主的中心思想。

首先,进步党主义认为好的政府以及复新的市民生活是非常必要的,能够让人们回归到过去的文化,同时不会放弃公众而走向商业化、腐败的政党控制。变化的关键取决于政治,大多数进步党主义者倡导民主资本主义理念。这个理念建立的前提是教育和交流会形成合力,这对于限制冲突、促进系统有效工作非常必要。

自19世纪90年代以后,直到20世纪20年代,进步党主义观点讨论了产业立法、商业条例和政治组织,体现了他们支持美国为了使资本主义运作更加规范而进行的改革,虽然该项改革由于缺乏政府对经济的控制而停止了。他们对于自由改革的想法中掺杂了反对官僚机构的思想,这限制了他们支持大政府的热情,也使得他们缺乏理性经济所需要的专家知识。他们质疑规模大的组织,希望用中心主义、理性主义产生基于小社区价值观的和谐。进步党主义的政治定位的中心是:渴望去调控资本主义,不能向国家社会主义妥协。他们支持政府保护工人,没有派性的政治,规范信用,制定童工法,集体谈判,对工人进行补偿,利用专家委员进行政府改革,实现社会工程和科学管理,实行直接民主(包括直接的候选人提名会议、公民投票、公民创制权,打破老板的权威和政党机器),政府选择、任命经过培训的专家在政府就职并管理城市。因此,城市-工业社会,由专业管理者负责的理性化的功能组织建构的政府受到欢迎。然而,缺乏人情味的政府令人痛惜。重视面对面的交流和草根民主,使得进步党主义者倾向于将小社区视为人

类社会秩序的必要条件；进步党主义者努力保护地方的完整性，因
19 为这些能够激发市民的归属感；努力强调地方政治的重要性，因为它能够鼓励市民及政治参与。

分析进步党主义观点可发现美国城市规划的渊源，它是美国城市规划面对所感知的新城市的现实所做出的最初的直接尝试的产物。直到 19 世纪末，人们才提出质疑，自由放任的市场经济能否应付居住和城市土地的利用。经济学界才开始关注，无论是垄断还是提供公共物品都不能够对供需规律做出反馈，他们支持直接的公共管制(public regulation)。因此，从那之后人们才开始寻求公众干预土地利用控制和增进住房质量的标准。各种不同的思潮交织在一起：景观建筑学、城市美化运动以及对于住房改革施压。

景观建筑学

奥姆斯特德(Frederick Law Olmsted)是美国第一位景观建筑师。他和其他人一起，继承了浪漫的哥特式的复古风格，试图建立一种新的城市形态准则。很多方面受到来自贝拉密(Edward Bellamy)的小说《回顾》(1888)的影响，带有一种思乡情结，试图找回早期幻想的那种简单、更有社会责任性的美国生活方式。他们反对城市的高密度与拥挤，赞成“田园城市”的构想，发展了美国郊区的原型，因而在两个方面带来最为突出的美国城市创新。

韦伯意识到所发生事情的重要意义，他在《19 世纪城市的成长》一书中总结道：

> 这种态势最为鼓舞人心……倾向于郊区城镇的发展，这种趋势的意义在于，它意味着……中心高强度的集聚会有所减弱。人口的这种新分布，带来了开敞的空间、卫生条件的改善，城市生活变得舒适，生活的联系得以加强……郊区的发展，为由于居住过分拥挤导致堕落的城市生活的极大改善带来了希望。如果人口集中仍想继续，集中的方式将进行调整，对城市和乡村生活都是有利的。

这种变化最为显著的特征是试图将乡村纳入到城市之中，发 20
展综合的公园-林荫大道系统。不过，这样发展需要长期的系统规划，因为公园和开敞空间超出了城市的界线。因此，公园规划成为区域规划的起源，最早的是 1890 年的波士顿大都市公园委员会，以及 1893 年芝加哥博览会的跟进，引发了为城市美化的总体规划。比如芝加哥的“伯纳姆规划”（Burnham Plan）和 1912 年芝加哥人格里芬（Walter Burley Griffin）设计的澳大利亚新首都——堪培拉规划。伯纳姆在其劝诫中对规划师鼓励道：没有宏伟规划，就没有让人热血沸腾的魔力。芝加哥在 1871 年大火之后的重建中，重新考虑将“田园城市”作为城市格言，尽管重建工作中包括了新发明的钢架结构摩天大厦和电梯（这些都是后来工业城市中高密度、中心导向的缩影），但现代的郊区、曲折的道路等早期的尝试就是在芝加哥进行的。卢埃林公园建成后，美国第一个浪漫郊区的规划，在新泽西由戴维斯（Alexander Jackson Davis）设计建成。由奥姆斯特德和沃克斯（Calvert Vaux）所做的伊利诺伊州里弗赛德和马萨诸塞州布鲁克林等地的规划形式独特，人文与自然环境

特色交融，与呈直角、平面和直线布局的方格网状城镇形成鲜明对比。

然而，分支进一步拓展，英国人霍华德（Ebenezer Howard）是“田园城市”的倡导者，对莱奇沃思采用“田园城市”理念进行了设计。不过，在许多方面，霍华德“田园城市”的理念是对维多利亚时代工业大都市的一种选择，是对投机资本主义的一种应对，这些对美国并不适用。霍华德认为，只有改变集中的趋势，才能建立一种新的秩序，改变的方式是通过离心规划形成小的均衡的城镇，这种城镇融美好的乡村生活和工业生产的成果于一体，在高效的公共控制的支持下，土地通过合作而不是竞争的方式进行规制。另一方面，美国开始倾向于对放任自由的田园式郊区的发展进行有限的控制。

城市美化运动

21 在 19 世纪的最后几年里，标志美国城市规划开端的种种工作起源于景观建筑学，主要是基于审美的追求。最基本的理念是将整个城市作为艺术作品来设计，通过土地利用总体规划和综合分区导向进行支持。新的环境理念被提出，同时有人认为，为了使工业城市免遭日益严重的自然及精神摧残，规划是非常必要的。1899 年一位记者参加一次年轻的建筑师会议之后报道，“我们需要美丽的地方，美丽的市府建筑，美丽的公园、广场和议会大厦。”从这个理念出发，规划的作用是使城市变得更加美丽。灵感来自皮埃尔·查尔斯为华盛顿所做的巴洛克风格的规划和 1853 年豪斯曼（George Baron Haussmann）进行的法国巴黎的大规模改建规划理念。

不仅如此，城市美化运动对于美国城市规划具有推动作用。它始于1893年底的芝加哥的博览会规划，在1902年的华盛顿规划中首次得到了尽情的发挥。在华盛顿规划之后，到1913年共有43个城市进行了类似的规划。1909年，伯纳姆(Burnham)在其1905年的马尼拉和旧金山规划之后所进行的芝加哥规划，是城市美化运动的代表。总共有233个城市进行了城市改良运动。此外，地方规划层次呈现两种特征，直到今天依然在用：专家咨询以及由主要市民组成的、半独立的规划委员会。第一个专家咨询委员会成立于1907—1909年，此后这种做法被广泛传播，1920—1930年间成立700多个委员会。私人咨询公司专注于城市总体规划。第一个规划委员会成立于1907—1909年，这种做法迅速传播，实施分级控制。

住房改革

建筑师和规划者不断探索新的理论，城市住房的最小化结构及卫生标准，同时被住房改革者所追求。在追求更良好的公众健康的同时，还有必要通过公共决策调控，控制私人企业自私的剥削
与住房相关的贫困工人。出于公众健康的考虑，居住及建筑相关 22
规章与环境控制联系起来。因此，环境标准逐渐提高。不过，在英国、德国和比利时，提供低成本住房供给的有效方法正在不断完善，比如，倡导有限利润额度和合理的公寓租金的慈善信托，以及早先设计的在市政府引导下的贫民窟清除和住房计划。美国城市及各州的住房法规模仿了1901年颁布的《纽约州住房法案》。这

部法律在经济学家劳伦斯·维勒尔(Lawrence Veiller)(国家住房协会的奠基人之一)所编撰的范文的基础上形成的。维勒尔是限制住房建设法规的支持者,坚决反对欧洲的一些建设性的法规。他认为公众实体不应该取代私人企业,恰当的公众作用只是建立标准和设定限制以调控市场,而不是替代市场经济。限制性的法规得到实施,尽管它能够对新建设施进行控制,但它既不能解决低收入住房的供给,也不能解决美国城市的贫民窟问题。

规划专业化

以上的努力涉及伦纳德·瑞斯曼(Leonard Reissman,1964)所提到的"城市乌托邦的视觉规划"。此外,在 20 世纪出现了一些新的理念,并且其重要性越来越突出,即认为人们能够有意识、有效地规划和控制其社区的自然环境,得到他们所要追求的社会结果。对每个幻想家而言,工业大都市就意味着环境问题。每个规划个案的构思都牵涉到把建筑实体规划变为现实的问题,形式、社会价值观、人文素质对于理想城市的建成必不可少。工业城市主义中有着清醒的成分,存在着"空间的希冀"——乌托邦的设想能够在空间实现,同时认为土地利用和居住实体规划会产生人们期待的社会结果。城市规划的专业化正是基于这样的基础。

23 20 世纪的第一个 10 年快要结束时,城市规划的理念被北美广泛接受。1909 年国家城市规划会议召开,此后专业的城市规划出现,它致力于通过规制措施对城市环境进行有意识的控制。1917 年美国城市规划协会成立。自此后,大学开设了第一个针对规划师、公众管理者和城市管理者的培训计划。1916 年纽约第一个引入了综合分区决议（comprehensive zooning resolution），规划师可以对城市土地利用进行控制。周围其他地区竞相效仿，这样一来纽约的创新方式得以传播，尽管有所滞后，到1930年已有981个城市和小镇采用。

不过，流行的分区规划尚待进一步检验。在理论上，它成为规范城市发展的主要理论工具，它可能被认为是美国人对待城市土地市场的放任自由态度的转变。事实能够说明一切，分区之所以受欢迎，确切地说是因为它被鼓吹为保护财产的一种方法。单门独户（single-family home）能免于不受欢迎的使用而获得安全，而多户住宅楼（multi-family）、商业及工业区一般被过多的分区。另外，规划委员会或者分区董事很少抵制重新分区的建议，通常也会同意为了更好、更有效使用而进行的变化。即使在今天，规划委员会在社会意义上、分区条例在房地产意义上，仍代表着中高阶层的价值观，保守运作以应对社会变革的力量。

一定程度上，规划关系到公园、林荫大道和市民中心等议题，上述的保护主义盛行，因为这样的导向可确保政府的主张不会成为争论的议题。实现上述受限制的目标需要公共投资，而不是控制。这种导向与中、高阶层人士的城市设计规划相一致。由于对政府控制（尤其是地方层次上的）表示怀疑，掌控权力的利益群体对通过公共投资来实现美化城市的目标反应热情。同时，也不会选择激进的“田园城市”运动，因为这是一项积极参与为低收入者
提供住房的运动。美国房地产由田园城市转向中产阶级的郊区， 24
美国规划基本上转向保守，强调市政效率。商业人士由城市美化运动转向公共资金支持的规划，目的是保持城市CBD的重要性。

当规划业变得制度化以后，原先广泛的改革目标被日益受到专注的技能所替代。

就私人组织而言，比如区域规划委员会，由克拉伦斯·史坦因(Clarence Stein)、亨利·怀特(Henry Wright)、弗雷德里克·阿克曼(Frederick Ackerman)、本顿·麦凯(Benton Mackaye)和刘易斯·芒福德(Lewis Mumford)等人领头，还关心直接的住房规划、新市镇及城市形态的区域重建。芒福德受到苏格兰生态学家、规划学者帕特里克·格迪斯(Patrick Geddes)的影响。格迪斯于1887 年在爱丁堡设计了一种居住房，比赛缪尔·巴涅特(Samuel A. Barnett)1884 年创设汤恩比馆(Toynbee Hall)(在伦敦是第一次尝试)晚了三年。两年后，也就是 1889 年亚当斯在芝加哥设计了赫尔大厦(Hull House)。格迪斯意识到查尔斯·布斯(Charles Booth)所分析的发生在伦敦的社会问题，以及费边(Fabian)社会主义者呼吁的改革，格迪斯作为霍华德同一时代的人也支持“田园城市”运动。格迪斯影响了几代学生，包括帕特里克·阿伯克龙比(Sir Patrick Abercrombie)，他后来进行了大伦敦规划，在他的帮助下英国于 1909 年第一个市镇规划法规出台。格迪斯提倡城市复新、邻里重建、社区行动和民主参与。他第一个用“集合城市”(Conurbation)来描述都市连绵区。正如格迪斯一样，芒福德认为公共控制对于城市形态和土地利用的调控是不够的，如果在居住设计、居住融资、城市区规划等得不到根本改变，社会以及环境问题的改善是不可能的。

这种理念在英国而不是美国扎根了。第四章我们会了解到，在第一次世界大战之前，伦敦城市理事会已经发起了贫民窟清理

行动，并为低收入者提供住房。到 20 世纪 30 年代中期，地方政府住房和国家帮建工程大约已经占英国新建住宅的一半。到 20 世纪 30 年代后期，一个主要的政策目标实现了：为所有的租房者在其有支付能力的范围内提供满意住房。此外，开始考虑防止私人 25
住房产业带来的“不健康”的城市蔓延加剧——这对于整个社区的发展是不利的。1909 年第一个市镇规划法出台，1914 年市镇规划协会成立，1913 年国际田园城市联合会成立。接着，奥斯本(F. J. Osborn)和珀登(C. B. Purdom)领导建造了卫尔温田园城(Welwyn Garden City)。在 20 世纪 30 年代，这些活动更为有影响。最后，1941 年乡镇和县城规划协会成立，田园城市活动者对于英国战后重建政策产生了重要影响。第二次世界大战后，城市发展政策由于纷纷被其他地方效仿，已经遍及整个西欧，瑞典就是其中之一。这种规划明显的特征是：大城市中心通过规划发展小的卫星城镇被分散化，通过限制土地利用及实行建筑许可政策实现城市有限成长，制止大城市的不健康成长，通过设定的环绕绿带控制城市蔓延，公共部门通过提供有效措施来应对私人的投机活动。

另一方面，在美国城市私有化很盛行。萨姆·巴斯·沃纳(Sam Bass Warner. Jr，1968)总结道：

> 美国文化是理解城市发展的最重要的因素。这意味着美国城市发展依赖于几千家私人企业的工资、就业，以及把失败和成功累计起来，其总的发展前景如何等，而不是基于社区的行动；美国城市物质形态、住房、工厂和街道均是房地产市场

> 上地产商、土地投机者、大投资商等追逐利润的结果。这意味着美国城市的地方政治主要依赖于参与者以及他们的主观判断,依赖于私人经济活动的兴趣的转移。

私有化风行于美国的整个城市历史,意识到这点对于理解 20 世纪美国城市动力机制非常重要,下面一章将集中讨论北美地区
26 的城市化。

第二章　20世纪的城市化:北美经验

到第一次世界大战结束,关于工业化大都市的界定及其存在问题的研究已经开始,新的社会运动也随之而来,城市规划逐渐走上了专业化之路。两次世界大战的几十年间,在分析城市时,多数美国社会学家只是简单地接受了社会理论学者的传统成果。比如,霍普·蒂斯代尔(Hope Tisdale,1942)在《城市化过程》(*The Process of Urbanization*)中总结了到那个时候为止已经被广泛认可的定义。同样地,刘易斯·沃思(Louis Wirth,1938)也在《城市化作为一种生活方式》中给出了一些关于社会理论的相关定义。但正如蒂斯代尔和沃思在文中所言,美国的城市正在转型,这个变化的实质正是我们的研究应该转移的方向。因为它创造了一个崭新的、与众不同的城市化过程以及一系列截然不同的人文结果。

大都市集中化的后果

蒂斯代尔用阿德纳·韦伯(Adna Weber)的话解释说:

> 城市化是一个人口集聚的过程。其发生方式有两种:集聚点的不断增加和单个集聚点范围的不断扩大……只要城市

> 存在规模上的扩大或者数量上的增长，城市化的进程就在进行之中。……城市化是一个渐进的过程。它意味着……从集聚性较弱的状态向集聚性较强的状态转移。

20世纪的统计数据证实了蒂斯代尔的观点。当然，在确定采集这些数据的地区时应该慎重。就如美国人口统计局在这个世纪初指出的那样：

> ……城市的全部人口数通常并不是指位于中心城市内部
> 及其周围的人口总数，这些人口组成了更大的城市……在少
> 27 部分的案例里，一些大城市的边界……限制了城市的人口，这
> 些人口是城市的代表和中心……如果我们想获取扩展的城市
> 地区人口集聚或集中的真实状况……就有必要去成立大都市
> 区，从中可以获知每个主要人口中心的规模大小。

将这一概念进一步推广，1960年财政局对大都市区(Metropolitan Area)作了如下界定：一般概念的大都市区是指拥有一个被认可的人口核心的经济社会一体化单元……标准大都市统计区包含了一个中心城市及其周围的县，这些县具有都市化的特征，并在经济和社会上与中心城市有着紧密联系。

20世纪，在美国，生活在这种大都市区中的人口比例日益提高。20世纪初，有60%的人生活在农场和乡村。而到了1970年，这一比例已经达到了69%。很明显，人口向都市聚集是20世纪前半期人口分布最主要的特点。但随着时间的推移，这些人口在

大都市区的分布模式变得越来越重要。

“我们的城市”,1937:国家开始重视城市问题

随着 1929 年大危机之后美国的第一个冒险的社会政策——新政(New Deal)的实施,大都市人口迅速集中的后果在 20 世纪 30 年代成为公众关注的焦点。在此期间,国家资源委员会(National Resources Committee)提出了改进的议案,以解决大规模城市人口的失业问题。它下属的一个委员会提交了一份题为《我们的城市:它们在国家经济中扮演的角色》(1937 年)的报告,对从那时至今在公众质询中不断重复的问题(因为这些问题极少得到解决)作出了如下结论:

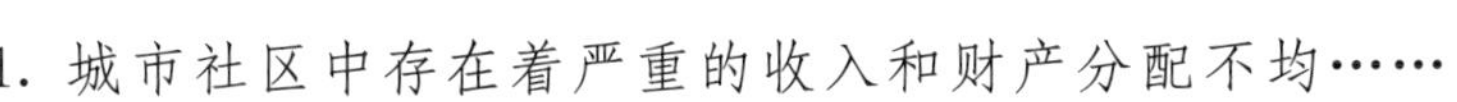

> 1. 城市社区中存在着严重的收入和财产分配不均……
>
> 2. ……地方通过提供补贴、免税,以及免费场地的手段不加选择地吸引与当地产业不协调的企业,这迟早会使整个工 28
> 业格局失常……
>
> 3. 物质规划和工厂的快速废止是另外一个问题……
>
> 4. 交通方式的竞争形式在国家城市形态中留下了混乱的烙印……
>
> 5. 城市不平衡的发展伴随着难以控制的部门细分和投机行为……现在面临着制定一个合理的城市土地政策的问题。
>
> 6. 城市住房是最沉重的问题之一……
>
> 7. 城市的公共卫生在欠发达地区和低收入人群中尤为

危险……

8. 拥有种族、宗教和文化多样性的城市是许多差异极大的个体最优越的避风港……但是在这种异质性中，城市也面临着一些沉重的问题……城市的生活方式虽然在经济上相互依赖却常常在社会上被分割开来。同盟者可能形成团体、阶级或地方。

9. ……城市的年轻人……仍然与他们本可好好利用的高等教育机会隔绝……

10. 未成年人犯罪、有组织犯罪，以及商业欺诈是许多城市的弊病……

11. 城市公共财政是另一个正在出现的严重问题……

12. 城市的另一个任务就是调整传统城市权利的范围……

13. 机构重叠混乱的政府单位……从没有为不断扩张的美国都市地区的发展做打算……

14. ……一些城市仍然面临着没有系统规范的民事法律，不负责任的政治领导方式，对不公正以及令人质疑的行政方式的放纵……

委员会的结论是：

总而言之，国家对城市问题的关注普遍要少于对国家现有其他重要问题的关注。……(但)公众道德素质亟待完善以及对商品和服务消费的巨大需求促进了国家政策的建立和健全……这就意味着要完成以下各项工作，包括：

1. 提高城市生活的标准，改善生活水平……

> 2. 消除城市的不良现象，首先是取缔贫民区……
>
> 3. 对城市状况的进一步了解……
>
> 4. 对工业用地的良好规划……
>
> 5. 国家和城市齐心协力解决安全和就业问题……我们 29
> 的委员会并不是去预测城市人口的下降或是大规模的中心聚集人口的分散……对于建立理想城市环境这个问题，现实的答案并不是依靠大规模的人口分散，而是通过与前瞻性和良好的规划相一致的系统发展及再发展来合理地重塑城市社区和区域。

因而，对于城市的系统性的关注重点被放在住房问题的解决、贫民区的清除以及城市复兴上。联邦住房管理署（Federal Housing Adminstration）建立后，可以通过有条件的抵押贷款来刺激房屋建设和房屋产权所有。根据 1937 年的《住房法案》，成立了美国房屋管理局（United States Housing Authority），并实施了消除贫民区方案，创造就业机会，促进经济发展，消除破旧住房，并向穷人提供公共住房。同时，劳动促进管理处（Works Progress Administration）投资雇用规划师对城市进行了远比过去多得多的研究。这些行动的效果和发展方向我们将在此章稍后阐述，因为从本质上而言，这些行为和美国社会一贯奉行的个人主义是一致的。

沃思的评估

作为城市化委员会的成员之一，沃思的观点为委员会的“城市化是造成众多问题的根源”这一结论提供了理论基础。他的理论被整整一代社会科学家和城市政策制定者作为城市研究的新的理论基础。就像沃思一样,多数的研究者坚信城市的本质在于人口规模、人口密度和异质性——并以两两相互强化的方式导致了一系列的心理和社会后果。在个人层面上,城市生活留给居民的是一种持续的刺激:图像、声音、人群、社会对关注、关爱和行动的需要。在这种过度的刺激下,自我防御的反应机制将人与周围的环境和人群隔离开来。因此,这些城市人远离他人,在接触中保持距
30 离、世故,对周边的事抱怀疑、冷漠的态度。与其他人的关系只是以一种类似商业往来的方式存在于特定的角色和任务中,因而,与其周围的人日益疏远。

总体而言,聚集被认为是与经济理论中的竞争和比较优势相关联的,引发了差异性和多样性。社区越大,劳动分工就越细、越专业化,社会群体的数量和类别也就越多,邻里间的差异也就越大。为将这种分裂的社会较好地整合在一起,就需要建立不同的社会机制:如成文的法律、非个人的礼节,以及建立社会控制、教育、交通以及福利的特殊机构等正式的整合方式。然而,建立正式机构被认为并不足以避免社会混乱——个人与群体之间的联系就像合理的行为一样变得脆弱。这种混乱状态被认为是导致社会和人格解体、令人走向歧路以及个人与周围环境进一步相隔离的原因。

沃思的模式作为一种理论来理解 20 世纪美国城市化进程后果,其准确性如何呢?从图 1 中我们可以了解到更多能证明沃思理论准确性的新证据,此图引自费舍尔(Fischer,1972b)。沃思首先将城市定义为一个"相对巨大的、密集的以及具有不同社会异质

性的个体的永久居住地”,它通过人口迁移急剧增长。并且他提出了“城市化会导致某些社会问题”的假设。

这个开端存在一定的合理性。随着规模、密度和异质性的增强,城市居民的确开始面对越来越多的外界的感官刺激,并随之做出反应,这相当于一个信息的输入和输出过程。信息有物质方面的,也有社会方面的。因此,接收者面临着如何处理这样高强度的刺激性问题。这就出现了信息过剩(information overload)的风险,从而导致压力、紧张、不安,最终出现了诸如精神错乱之类的行为。S. 米尔格兰姆(S. Milgram,1970)指出有许多表明信息输入过剩的例子,并提出了一些应对措施,包括一些保护性的适应措施,例如限制输入、控制输入的时间、有选择地过滤信息以降低强度等——用 31
沃思的术语来表述就是“隔离”、“短暂”、“肤浅”以及“次等关系”。但正如利奥·斯罗尔(Leo Srole,1972)所展示的那样,最近的证据已不再支持精神错乱的发病率在城市中要高得多之类的论断。

当所有的外界刺激都增加的时候,每个人的反应范围却在变小。从社会的层面上来讲,这将导致专业化和结构的差异化。一个已被证实的结果就是社会角色和机构数量的增加,另一个就是劳动分工。其他结果包括工作和家庭的分离,导致城市用地功能分区的地理差异,以及被分割开的、具有同质性的居住邻里等。根据沃思的理论,这种结构性的差异在个体性格的差异中被复制,在划分的角色、团体和利益中被细分,从而导致不同的身份,这种身份通过时间和环境的分隔使人们相互隔离。该理论认为,反过来,城市内的个体比起其他人倾向于在更多的角色之间更迅速、更频繁地转换,可以是按天、周和其他的循环周期,或是根据生命周期和社会流动性这样的长周期。然而，这种现象十分复杂。城市的流动性并不是都高于乡村地区，同样在结构性差异方面也并不总比乡村地区高。

沿着沃思的思路，当一个系统中结构性的差异和角色的变化频率加快时，新的结构和功能将产生，将个体和群体整合在一起。这种正式的整合是一个理性和合法的过程，包含了政府机构的活动以及个体之间的互动。其中的程序是正式的，既有功能性的也有契约性的关系，以维持整体的秩序。与这些分析相一致，沃思认为亲情、邻里和非正式团体正在弱化，而从属和控制的正式机构却逐渐增强，此类机构包括社团、公司企业、社会控制的仲裁方法以及大众传媒等。

就像我们在之后所要看到的那样，许多研究结果都反对亲情弱化的论断，而是认为亲缘关系在城市中仍然十分牢固。沃思理论中一些似乎被遗忘的内容在之后的研究中得到了充足的论证：
32 人们生活的圈子确实变得更小了，仅仅局限在他们的直系亲属、朋友、同事、近邻，以及精心选择的社区中。这些群体影响着、甚至在某种程度上限制着个体的经历。相对来说，只有很少的人在某种程度上会将城市的很大一部分作为对他们有意义的社会环境，而绝大部分这样的人都处在社会上层。这样，大城市的经验往往只是个体周围生活的经历，以及同周围直接接触的人群的互动的结果，而这些活动只是在城市中的部分地域中发生。最直接的人与人之间的关系就是家庭。在大城市中，传统的家庭结构确实没有之前变化频繁，血缘关系的力量在一些很独特的方面受到影响，最明显的就是亲友在地域上分散以及家庭内互助和其他服务程度降

低。但这并不是说城市中,亲友之间的情感联系就下降了。家庭是城市中一个更加特定的组织。无论这种联系是加强还是减弱,家庭都是一个存在争议的话题。

伴随着正式形式的整合,沃思发现了一个认知的补充形式,即非人格性(impersonality)——经过证实的以正式角色和人际互动规律来理解世界。这种现象是十分复杂的。赫伯特·甘斯(Herbert Gans)在其种族的“城市村民”中提出了其他一些模式,相似的研究结果也出现在其他城市的亚群体中。但并没有证据表明城市中的友谊变得更少了或更肤浅了,种族亚文化内聚性减弱的趋势也不明显,城市居民和他们的邻居之间也没有出现形同陌路的局面。

沃思认为,如果正式的社会环境以非人格性为特征,那么城市个体之间将相互隔离,“孤独群体”的成员将远离他人,隐姓埋名与外界断绝来往。但许多研究反对这种人际关系疏远的论调,表现出对亲情和友情作用的高度关注,而不关心孤独感的表达。沃思认为,如果缺少亲缘,孤独无依,个体将不再愿意服从群体的压力,并导致出现规范的内聚力下降的社会状况,或者出现社会混乱。但这种表述在工业化城市中却得不到证实,沃思模式中的这种联系也令人质疑。

在一个道德沦丧的社会中,个体表现出的对事件的理解和动机是不同的,他们本应拥有的“主流”模式和系统功能需求之间也
存在差异。由于混乱所产生的这种统一性缺乏就是疏远,它还包 33
括无能力(对自我生活的控制较差)、无规范(社会认可的实现目标的手段的无效性),以及对生活意义的失望(对个体周围发生的事情没有全面的感知)。内聚系统充分社会化,这种理论继而在角色

扮演中产生了一种功效的感知，并遵守角色规范和有关角色行为结果补充性期望。另一方面，混乱城市将导致人格结构的不协调。这个案例中收集到的数据前后不一，通常不能作为有力的论据。就像我们后面将要看到的那样，较高的渴望、较低的满意度和一种相对剥离于某些城市居民团体的总体感觉能够较好地阐释疏远。

沃思理论中的最后一环是城市中微弱的标准凝聚力与人格结构整合及不轨之间的理论。从最广泛的意义上而言，不轨行为不同于规范所期望的行为——它是非法的、“古怪的”，或者是具有新意的。在大城市中，每一种这样的不轨行为都达到了它的最大化——标新立异、道德越轨（酗酒、离婚、违法等）、犯罪，以及宗教活动参与程度下降、政治激进主义趋势增加等。但是需要强调的是，无论沃思模式是否合适，当使用它时必须慎重考虑。

特别值得质疑的是沃思模式的结论，即大城市的高人口密度引发了一系列的弊病。一股致力于高人口密度所带来的后果的研究潮流，纷纷回到沃思模式寻找他们研究的理论基础。这在细节上对探索这个结论最终是否成立是有益而无害的。

对沃思理论的支持来源于实验室中对老鼠的实验。高密度导致高死亡率、低繁殖率，并产生疏忽懈怠、冲动好斗、消极行为以及性行为失常等问题。其他动物的实验也证实了这一点。

然而，当涉及人类人口数量的研究时，这一证据就不是那么有力了。特别是将总人口密度细分到每房间居住的人数、每幢楼内
34 独立单元的套数、每英亩的住宅幢数时，如果再考虑到诸如社会阶层和种族等因素就更加复杂了。迄今为止，最详细和全面的调查是厄梅尔·R. 加勒（Omer R. Galle，1972）所完成的，他认为密度

的变化只是简单地解释了社会结构变化与各种弊端之间的基本关系,而不是导致各种问题出现的直接原因。更进一步地,他认为密度中导致出现死亡、生育、依附、行为不良和心理疾病等问题的最重要的因素是每房间人口数以及每独立单元的房间数(例如,过于拥挤)等,而不是每单位面积的人口数(密度)。

他对这一结论的解释是,当一个居住地的人口数量增加时,社会责任以及抑制个人欲望的需要也在增加。当居住地人口过分拥挤并且每房间人口数呈现高比率时,这种社会需要和抑制个人欲望的需要的增加就很困难了。继而,他指出,过度的拥挤将导致各种刺激因素的出现,这些外界的刺激是不能忽视的。第三,就像其他动物一样,人类有领地或个人隐私的需要,事实上,过分的拥挤将可能与人类的基本(生理)特征发生冲突。

似乎理所当然地会想到,人类对这种不断增加的需要、刺激以及由于过于拥挤带来的个人隐私的缺乏会产生暴躁、厌烦以及放弃等反应。更有甚者,人类可能会将自己完全卷入疲于应对他们周边环境的境地,以至于对他们来说,反思过去、正视自我或是谋划未来都是极其困难的。因此可以预计,在一个过于拥挤的环境中,人们的行为首先是一种对直接环境的反应,相对而言很少考虑他们行为的长期后果。而这种直接的环境也不一定是城市。事实上,我们能得到的最全面的结论是,沃思模式在许多重要方面并不充分。

20世纪新城市区

沃思的理论对于19世纪的工业城市化或许是正确的,他的思

想受到了许多当时的社会学者的启发。问题在于，对于20世纪的
35 城市来说，他的理论甚至在被阐述时就是一个不充分的指导。正如沃思所写到的那样，城市化的本质已经或正在发生变化。19世纪的世界科技发展与综合国民经济在民族国家内创造了工业化城市。这些新的工业城市于19世纪末和20世纪初在西方世界发育成熟，并成为沃思的研究对象。沃思相信他的理论为未来的研究建立了基础。事实上，他的理论是对过去城市的一个总结。

工业化大都市聚集的原因是各类专业人士必须相互联系。这种联系是十分频繁的，而聚集将降低他们的交通和沟通成本。但距离的减少意味着密度的增加、交通堵塞、昂贵的房租以及个人隐私的丧失等问题的出现。事实上，最近科技的发展都在立足于降低地理居住密度以及聚居的成本。现代交通以及通信工具的发展使每一代人可以居住得更远并能获得遥远地方的信息。分散化以及总密度的降低已经成为最主要的空间过程。如图2所示，在美国和加拿大，城市增长的年代越近，其人口密度越低；城市增长发生越晚，对汽车、摩托车以及现代交通工具这些新技术的依赖也越强。然而，无论城市的历史有多久，在最近几十年里它的密度都在下降，即使是最古老的城市也受到了科技变化和财富增长的影响。

甚至在1900年代，与韦伯同时代的人就相信情况将朝着这个方向发展。他们认为郊区是治愈城市病症的万能药，可以解决诸如交通堵塞、高人口密度等问题。例如，H. G. 韦尔斯（H. G. Wells，1902）认为：

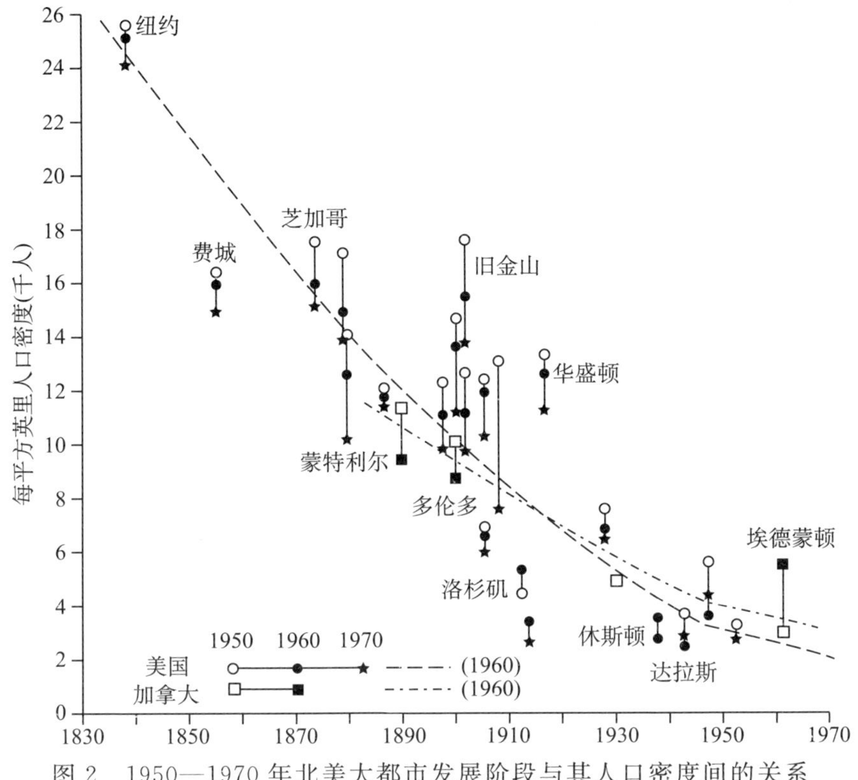

图2 1950—1970年北美大都市发展阶段与其人口密度间的关系

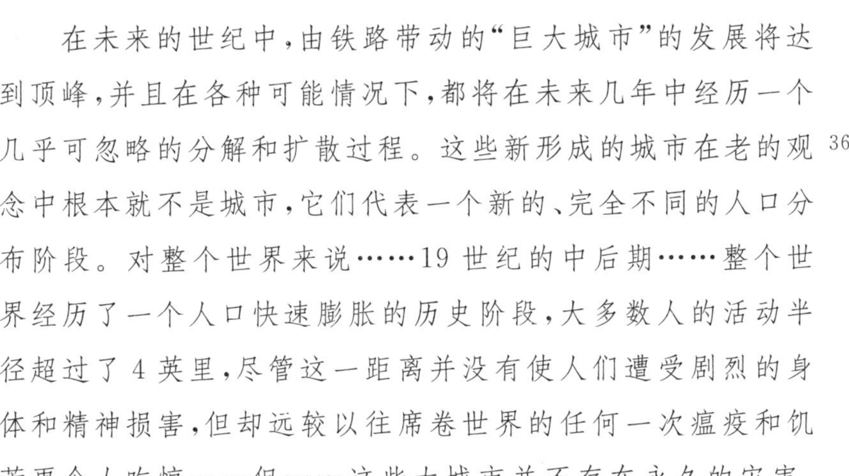

在未来的世纪中,由铁路带动的“巨大城市”的发展将达到顶峰,并且在各种可能情况下,都将在未来几年中经历一个几乎可忽略的分解和扩散过程。这些新形成的城市在老的观 36
念中根本就不是城市,它们代表一个新的、完全不同的人口分布阶段。对整个世界来说……19世纪的中后期……整个世界经历了一个人口快速膨胀的历史阶段,大多数人的活动半径超过了4英里,尽管这一距离并没有使人们遭受剧烈的身体和精神损害,但却远较以往席卷世界的任何一次瘟疫和饥荒更令人吃惊……但……这些大城市并不存在永久的灾害。

目前，新生力量的影响具有很强的向心性。然而，它随之也会
产生显著的离心化，可能最终导致目前所有的阻塞完全消除。
没有铁路的城市限制是人力和马车的限制。但是，现在已经
突破了这种限制，每一天我们都会向一个在各方面都有突破
的时代迈进，并能减轻很多负担。到目前为止，对步行和马车
唯一的补充形式……是郊区铁路……。现代大城市的星形形
37 态，推进到……节点链，每个节点代表一个站点，证明了……
城市的压力得以缓解。本世纪以前的大城镇的形态是圆形
的，并成吹气球式的增长。而现代的大城市看上去就像是一
个不可忍受的外壳发生了爆炸，或是被那种更便利更快的发
展的粗劣的权宜之策……随便溅上了几笔。

我们处于……离心趋势发展的早期阶段……步行时代城市活动半径仅仅限于4英里……马车时代可以达到7英里到8英里……到2000年……大城市内普通劳动者的活动半径是否可以达到100英里呢？

繁荣的房屋建设背后的动因是什么呢？……对大自然的热望，对文化的陶醉，对少许私有权的偏好是主要的离心动力。

城市将继续扩展直到占据相当的地域，并取代当前许多的乡村特征……乡村将具有很多城市的特质。旧有的城乡对立将……终结，边界线也将消失。

实际上，“城镇”和“城市”的用语将类似于“邮件马车”一样陈旧……也许未来我们可以称呼这些地区为“城市区”(Urban Region)。

20 世纪 70 年代日常城市体系的成长

美国现实的发展速度远比韦尔斯依据 20 世纪 70 年代城市地理分布特征的预期要快。在日常生活的现实中,建设“连续的高楼林立的城市化地区”的“城市”,以及更大规模的人口普查界定的大都市,都已被一种新的更大尺度的城市区域所替代,我们将其命名为“日常城市体系”(Daily Urban System)。

在图 3 至图 6 中,我们可以看到城市爆炸性的发展,诸如作为 38

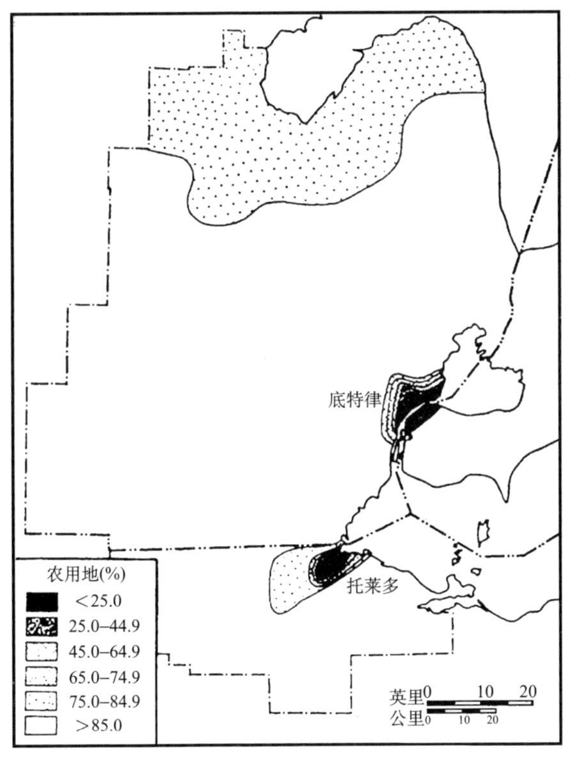

图 3　1900 年美国底特律地区的城市化 39

本图及以下三幅图,使用农用地的百分比作为城市扩展指数,最初的研究工作是 C. A. 多克斯亚兹(Doxiadis)为底特律的爱迪生公司所做。

汽车制造业的基地的底特律、芝加哥，它们在很大程度上引发了这次转型。地图中的阴影部分显示了 20 世纪的城市化进程中原先的农业地区转变为非农业地区的过程。图 7 显示了 1960 年底特律城市日常交通半径，展示了这一系统全天的运动范围。图 7 展现了 1960 年美国城市体系日常活动范围。在那一年中，大约有 90%的人生活在这个系统中。

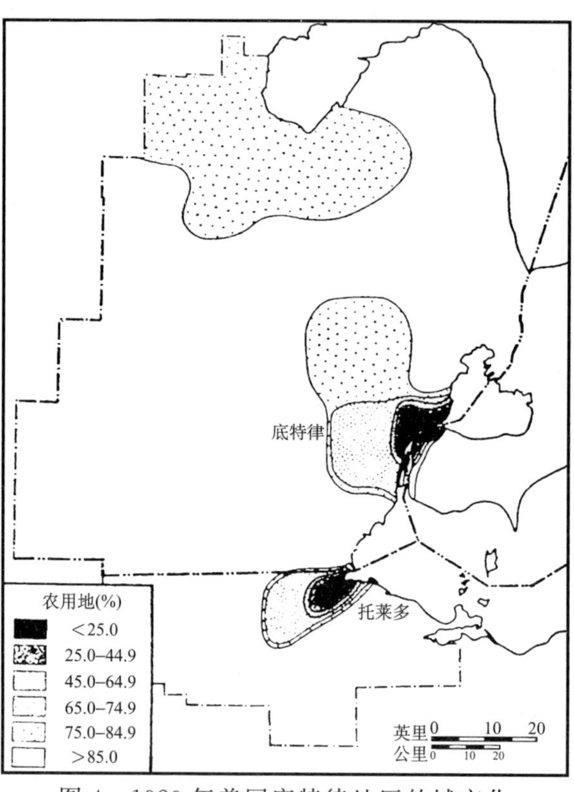

40 图 4　1920 年美国底特律地区的城市化

随着此类城市体系的发展，它们对国家的空间格局产生了深刻影响。起初，这种格局是围绕着一定的中心，并且在形状上呈圆锥形的。正如雷蒙德·弗农和埃德加·胡佛(Raymond Vernon and Edgar Hoover，1959）对纽约的描述：

> 如果我们把这个地区看作一个巨大的圆锥结构，高度代表人类活动的集中度，我们发现在纽瓦克、泽西、帕特森、伊丽莎白、扬克斯和布里奇波特的人口都超过10万，但是它们的突出部分都只是斜侧面上的次顶点。不论以何种方法计算，这个圆锥的顶点都在曼哈顿。

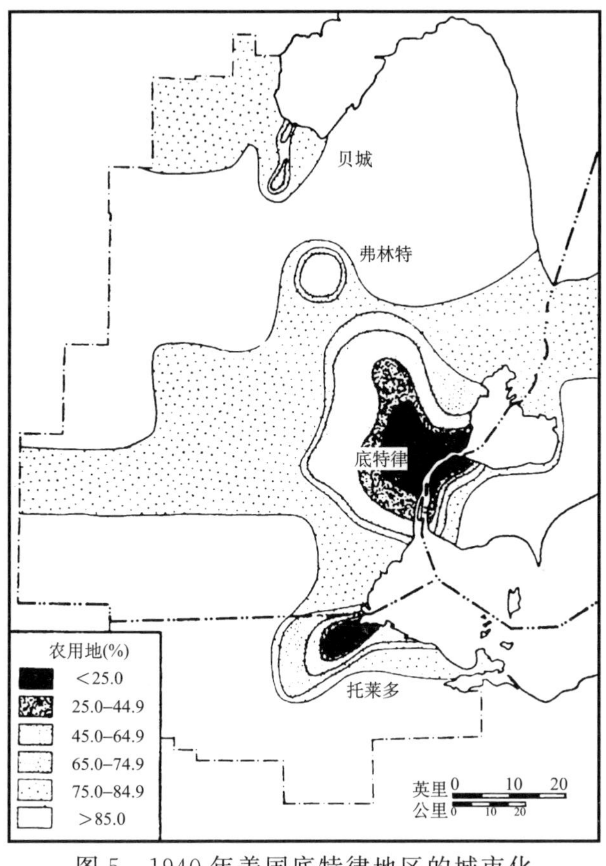

图5 1940年美国底特律地区的城市化

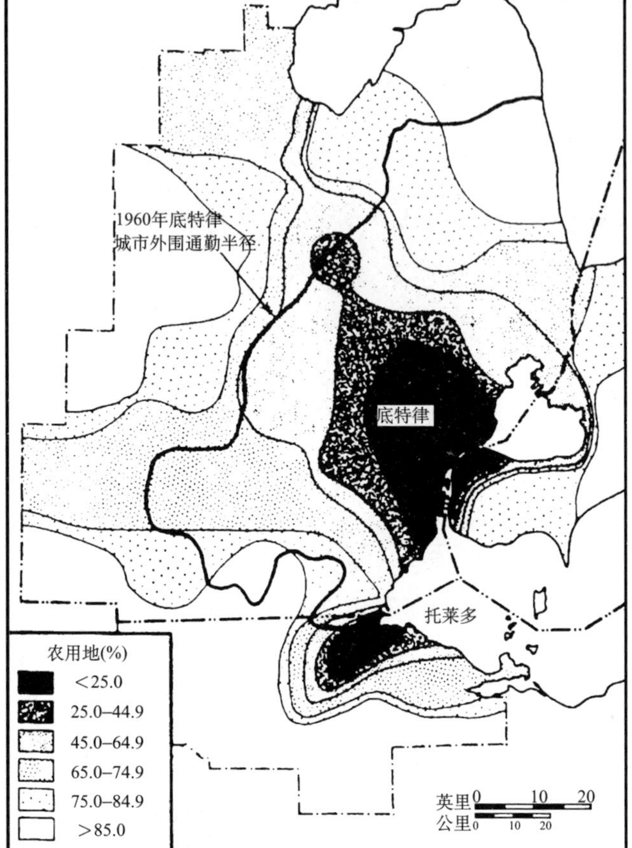

42 图 6　1959 年美国底特律地区的城市化

这幅图也显示了 1960 年底特律市日常通勤的外部边界。

每个城市这种圆锥结构的发展和扩散都会带给国家有序的发展机遇和福利。随着圆锥"高度"的下降，人口密度和经济机遇、收入和教育水平也将下降，而贫困人口数量将趋于增加。美国人民并没有忽略这种变化规律。如表 2 所示，迁移所带来的好处是显而易见的，即人口从人口数量下降的低收入边缘迁出。

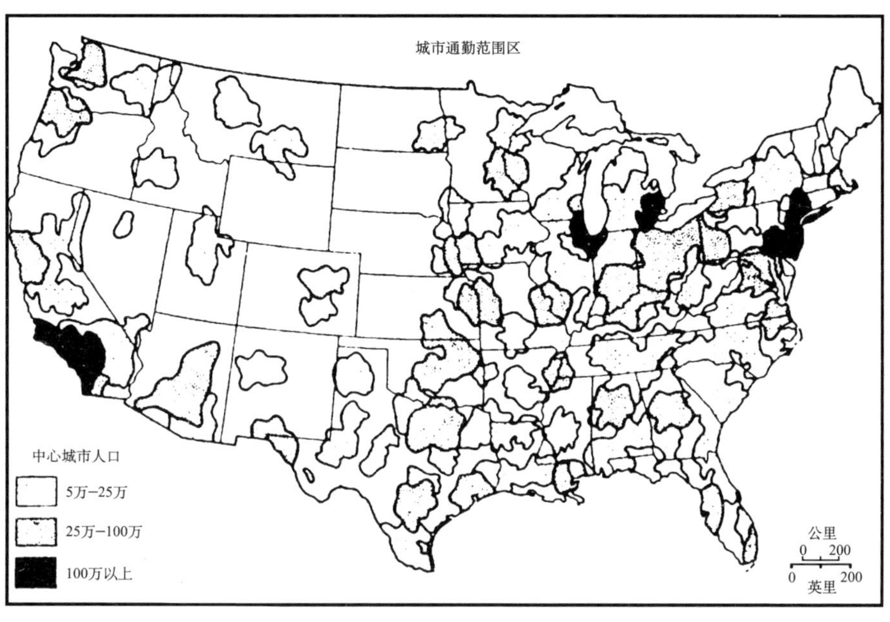

图 7　1960 年美国中心城市通勤区 43

此图原是笔者为美国财政部做的重新评价大都市区概念项目的一部分。

表 2　同等教育水平、同种族与性别从南部乡村移民至北部城市的居民与未迁移居民的年收入对比(美元)

	移民年数	北部的小城市*		北部的大城市+	
		初等教育	大学教育	初等教育	大学教育
白人男性	0—5	—	3 075	600	3 075
	6—35	1 550	2 175	2 700	3 700
黑人男性	0—5	800	3 875	1 400	3 875
	6—35	1 550	2 175	2 000	3 000

* 低于 5 万人　+ 超过 75 万人。

资料来源:Richard Wertheimer Ⅱ,The Monetary Rewards of Migration within the U. S. (Washington, D. C. ,The Urban Institute, 1971). Reported in *Search*, Vol. Ⅰ,No. Ⅰ(January-February, 1971),p. 7.

1960 年两位美国的规划师 J. 弗里德曼和 J. 米勒(J. Friedmann and J . Miller,1965)对所获得的结果进行了充分的描述,他
44 们认为那一年有可能:

> ……解释美国的空间结构,其方式是……强调一种由大都市区和大都市外围地区两部分组成的空间结构模式。除了美国内陆部分人烟稀少的地区,大都市外围包括了那些介于大都市区域之间的所有地区。许多的外围地区的经济和社会发展状况就像一面魔镜,变相地反映出大都市活力的另一面。

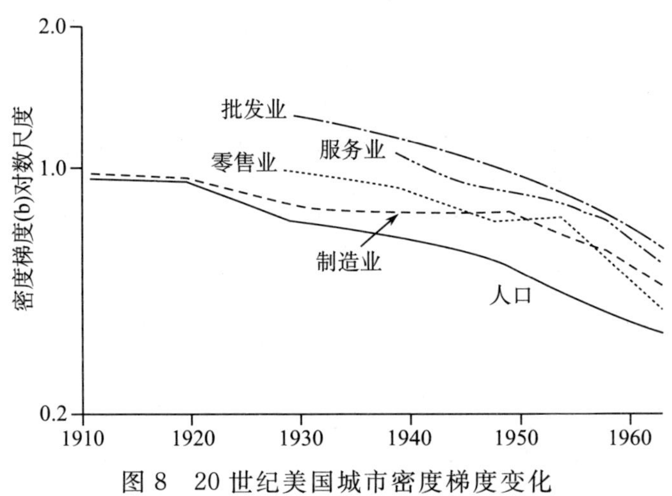

图 8　20 世纪美国城市密度梯度变化

本图根据米尔斯(Mills,1972)所制表中数据绘制。

然而,那些起初具有向心性并呈圆锥形的空间结构也经历了一些变化,并表现出特定的形式:随着距离的增加,各种密度则以

一定的指数速率下降。这种下降的速率称为密度梯度。美国经济学家埃德温·米尔斯(Edwin Mills,1972)计算了美国城市 1910—1960 年间人口和一些经济活动的密度梯度,其计算结果见图 8。如图所示,1910—1960 年间,所有的密度梯度都经历了逐步下降的过程,这意味着城市中心的密度下降,大都市区向外快速扩展,而整个城市地区的密度则逐步趋于均衡。

通过仔细分析这个图,可以发现分散的趋势正在加速。考虑 45
到这一点,历史学家奥斯卡·汉德林(Oscar Handlin,1963)显然认可韦尔斯的预测:

> 城市与乡村之间的差异正在缩小,几近消失。人群、物资和信息的流动是如此之快,持续了一个如此之长的时期,以至于创造了一个全新的环境。说得更大胆一些的话,整个社会的城市化可能正在破坏现代城市所扮演的独特角色。

汉德林还指出,一个新的社会过程的形成是这种变化加速的原因:

> 有效的动机是一个新的观念——坚持要建立一个规模较小、相互之间紧密联系的社区……越来越多生活在大都市中的人渴求那种隔绝于他们日常生活的安全感。他们试图将自己的家庭建立在一个远离尘嚣的地方,只和外界保持最有限的联系。

在 20 世纪 60 年代，美国城市在进一步转型的事实已经确实无误了。起初，吉恩·戈特曼(Jean Gottmann)用一个新的地理尺度概念即大都市带(magalopolis)来描述美国东北沿海连片的城市化地区。最近，人口增长和美国未来委员会(Commission on Population Growth and American Future，1972)发布了有关美国大都市区增长的本质变化的报告。报告指出，在 1960—1970 年的 10 年间，大都市的人口增长了 2 600 万，其中的 2/3 是在稳定的边界之内，其余1/3是扩展的外围地区，而外围地区的人口分布正趋于分散。60 年代边界内人口的增长中 3/4 属于自然增长，仅有 1/4是外来的移民，而这些移民多数是来自于海外而不是乡村地区。农业人口的移民比例自 1940 年以来一直保持稳定。在这 30 年里，每 5 年外来移民的比例都在 5.2% 到 5.8% 之间变化。然而，由于农业人口的减少，实际上农业人口的迁移数量是在快速下降。在 1945 年到 1950 年农业人口的净移民数是 160 万，然而在 1965 年到 1970 年，这个数字降到了 58.2 万。在 1970 年，农业人口仅占全国人口的 5%，即少于 1 000 万人。

46 这一结果表明，美国现在的发展大部分是由于大都市的自我增长所引发的；由于工业城市化所导致的人口集聚已经结束。迁移在区际层面发生在大都市区之间，在区内则通过人口和就业向跨大都市区边界的日常城市体系外围加速扩散。例如，表 3 显示了 1960 年到 1970 年，不同人口规模的大都市周边县的净移民比率。

表3　不同规模的大都市周边县的净移民数

城市人口规模	净移民数(%)
500万以上	9.7
200—500万	3.0
100—200万	4.4
50—100万	-2.1
25—50万	-2.8
10—25万	-4.0
5—10万	-6.8

资料来源：Robert L. McNamara，"Population Change and Net Migration in the North Central States，1960—70". Report of a co-operative project，North Central Regional Project：Population Changes in the North Central States (NC-97). To be published by the Missouri Agricultural Experiment Station.

城市化的新内涵也包括人口流动。1955年到1960年跨县移民数比1935年到1940年高出了50%，每年大约有4 000万的美国人要搬家，粗略估算每15个美国人中就有1人——总共大约为1 300万要跨县迁移。至少1/5的美国人每年要搬一次或好几次家，而且这种流动的速度还在增长(Packard，1972)。

当问到喜欢在哪儿居住时，美国人的回答通常是郊区或是小城镇，以及那些较为舒适且人口密度较低的地区。他们的这种择居偏好从图2中所描述的人口密度变化以及最近的人口普查数据
中可以窥见。在1950年到1970年的20年间，美国所有城市化地 47
区的平均人口密度从每平方英里的5 408人降低到了3 376人。

对于中心城市，更是从7 786人降低到了4 463人。在工业城市化中发展起来的中心城市正在经历这种人口的下降。在这10年中，中心城市流失的人口要多于郊区，主要是由于迁移而流失的人口。这其中包括了巴尔的摩、波士顿、费城、匹兹堡、芝加哥、底特律以及圣路易斯等城市；1960年人口超过150万的21个中心城市中，有15个在1960年到1970年期间开始出现了人口流失现象。结果，在这10年里，几乎所有大都市的增长都集中在快速扩散的郊区。

当然，城市人口的离心运动可以追溯到19世纪，在纽约和其他大城市，核心城区的密度下降和绝对的人口流失在1850年后就已经开始出现。到19世纪末，这种情况在许多小城市也很明显了。这种离心运动背后的动因最初是当地交通、通信工具的进步，以及商业中心的持续扩张。工业及商业用地的扩张使居住用地萎缩，驱使地价高于低密度的居住用地可以承受的范围，这时，人们被迫搬离城市中心。然而，这个离心运动的趋势发生了一个重要的转折。虽然直到1950年左右，在工业和商业地区附近仍然有高强度的用地方式被竞买用作居住用地，但在一些大都市的中心地区，这种用地置换已在减少直至完全消失。例如，在1958年到1963年的仅仅5年间，大都市区的中心城市有超过25万人失去了制造业的工作机会，而在郊区大约新增了43.3万个工作岗位。仅有少数十几个主要大城市，其市中心的摩天大楼中新建的公司总部、金融地产中心、政府办公楼有显著增加。然而，城市人口和城市机构持续的离心运动留下一片正在扩大的城市核心区，那里有荒废、衰败、被遗弃的建筑，而那个地段曾经是地方收入最丰裕的来源。

变化的原因

规模的扩大、流动率的增长以及人口密度的降低是当代美国 48
城市的主要特征。导致它们成为城市化显著特征的原因,包括国家社会的形成、后工业经济的出现、社会与空间流动联系的增强、住宅产业的异常繁荣,以及由于通信工具的发展逐步取代了面对面的交流形式而导致的时空压缩等。在研究这种新的城市化的人文结果,美国公众参与的方式以及他们支持而非对抗这些强大的社会、经济技术因素的方式之前,让我们先分析一下这些因素。

美国已经逐渐由不同区域组合而成的政治实体转变成一个真正的"国家的"社会。在这个社会中,一个部分发生变化都将对其余部分产生直接的反射性影响。变化的原因主要是由于交通和通信工具——全国电视网、越洋电话、新闻媒介,以及喷气式交通工具的发展。其结果就是,全体美国人就像生活在同一个社区中的群体,通过同样的零售网络、同样的新闻节目网络、同样的运动赛事播映和同一类型的大雇主(商业机构或政府),共享一天中的许多经历。对于那些因为经常变换工作而漂泊无定的美国人而言,这种国家社区的经历远比生活在一个地区社区中来得更频繁、更真实。这种国家社会的融合有着更深刻的政治含义,它导致一种尝试,即通过国家而不是地区的力量来解决社会问题,最终中央政府将进入社会政策领域。稍后当我们在谈论公众参与的实质和效果时,对此将有详细的阐述。一个国家范围内人口流动的加快也将产生一些社会问题,诸如城市区域内拥有一致生活方式的小规模社区的复制等,我们将在后面的篇章中予以讨论。

同时,由于国家社会的出现,美国经济也发生了显著的结构性变化——进入后工业时期。根据丹尼尔·贝尔(Daniel Bell,
49 1968)的论述,后工业经济可以从五个方面进行描述:服务经济的产生;卓越的专业和技术阶层的涌现;理论知识居于中心地位,成为社会革新和制定政策的源泉;技术的自主成长和转换;聚焦于信息及信息处理的智能技术出现,导致国民经济第四个部门的发展。后工业经济的这些成分使之与那种传统的交通导向,或者原材料导向,再或者市场导向的经济模式相比,看起来似乎有些虚无缥缈。这种经济形式雇佣高技术、高工资的高级人才。在此类人才的居住决策中,舒适性——对能支持他们想得到的生活方式的居住环境的偏好——成为考虑最多的因素。这些雇员是构成国家劳动力市场的一部分,而不属于任何地方劳动力市场。这些人才的本质就是:他们是新思维的源泉,孵化出未来的增长。

随着增长发生,社会的变动和空间流动之间的联系越来越强,这是由独特的美国社会动力推动的。大卫·麦克利兰(David McClelland,1962)指出,对成功的追求是美国社会主流文化中的一个重要因素。在这一文化背景中,一个人的社会地位和自尊来源于他在物质世界中的所作所为,而不是来源于他的先辈或与生俱有。社会和空间的变化作为文化态度与压力的结果,成为个人神经系统的一部分,并相互关联。人们需要不断地与关于优秀的主观标准进行竞赛。孩子必须通过教育来不断“前进”和“完善自我”,工人必须争取升职的机会。收入必须花费在尽可能好的街区的尽可能好的房屋和物质享受上。任何职位的升迁或财力的增加都必须配之以一次向更好社区的搬迁,以追求新的更高身份的生活方式。由于身份低的人的进入而导致社区"降级",这将会遭到抗击;如果人们不能容忍这种已经察觉到的外来威胁,就必须逃离这个社区以避免丧失身份。人们的所作所为必须不会导致放弃进取追求,并且不会阻碍对外展示成功;人们必须不断地"战斗"并"获胜"。

当然,当一个家庭寻找住所时,他们也在渴望其他一些东西。50
与房屋——其价格和房型——相关的最重要的决策是根据人们已获得的身份和当时家庭在生命周期中所处阶段的需要而决定的。这些对于所有人都是首要的约束条件,当然,穷人除外。有大量的房屋都是满足这些标准的,这样,对社区的考虑就开始起作用了。城市区域范围的扩大使城市的变化更加复杂和迅速,给人们带来不可靠和不安全的感觉。城市过大,让个人感到无所适从。为了在纷繁复杂的社会中寻找自我,人们通过生活在一个易于理解的、社会关系可以预知的社区中,以使混乱达到最小。事实上,当个人不再能对某种特定行为模式的结果做出预测时,他就会从原先所居住的环境中迁出,寻找相对同质性的环境:一种可以预知的生活方式;一个远离竞争的生活圈子(因为他的邻居都"像他一样");一块见解一致的聚会场地(因为他的邻居也正处于和他相似的生命周期);一个远离了威胁身份的种族或民族的安全地带;一个逃离了复杂性的避风港,通过任一种意味着防御性地区特征的手段——合法的、制度性的和非法暴力等,来保护已经获得的东西。

这种具有相同特征的小环境在地理空间上形成了一个均质网状结构。社会地位较高的邻里寻找近水、森林和高地而远离洪水、

烟雾和工厂的优越地段居住，并越来越有边缘化的趋势。社会地位处于中层的邻里则尽可能地向社会地位高的人群所居住的地方靠拢。对那些生活在社会底层的居民而言，由于负担不起高昂的通勤费用，只好居住在从市中心沿着铁路和河流伸展的工业区周围，居住在高污染地区以及年久失修的老房子中。这些地区的穷人也想离开这些地方，并且现在离开的人越来越多，因而导致中心城市中的内城地区房屋废置的区域越来越扩大。

这一现象是由于极其高效的郊区住宅产业的发展促成的。1970年人口普查的结果表明，美国有6 900万个住宅单元，然而在1950年却只有4 600万个。在这6 900万个住宅单元中，有305
51 万是在1950年到1970年间建造的。在这期间，家庭数量的净增加数仅仅是204万。同期，低于标准的单元的总数量降低了70%，从1 700万回落到了500万。人均空间标准达到了历史新高，而拥挤程度却是最低。在1970年，缺少水暖设施的单元降到了8%，其中的大部分是在乡村地区。过度拥挤的单元——即平均每房间容纳人数超过1人的单元，其数量从1950年的16%降到了1960年的12%，到1970年达到了8%。中等规模家庭数由1950年的3.1%降到了1960年的3.0%，1970年则为2.7%。将近2/3的美国家庭拥有自己的房产，独立家庭住宅超过了房屋总量的2/3。1971年建造的房屋比美国历史上任何一个时期都要多。

很明显，由于郊区的良好发展，人们可以在更好的生活环境中获得更好的住房，这使中高收入家庭向城市外围迁移成为可能。同时，高速度的房屋建设也是促使家庭从原来居住的破旧的城市邻里环境中迁出的一个因素。新的郊区住宅的发展让这些城市居民有了更多选择居住地点的条件。反过来，由于供大于求，就出现了一种“过滤”的效果，将市中心的压力转嫁到现有房屋的租金和价格上，从而让低收入人群可以有更好的房屋居住。这种过滤的作用如同一个连续运动的复杂链条一样向下发展，导致每一阶段产生的空置地带都被从更贫穷更空旷的城市邻里中迁出的低收入家庭所填满。在链条的末端，有工作的贫困人群发现他们可以搬到别处，这样他们就将最最贫困的家庭抛在了后面。通常这些极端贫困的家庭都有非常严重的问题，他们依靠救济金过日子，对于向上的迁移并不抱希望。这些城市中最贫困地区是“病态的”贫穷最集中的地方，它们被其他所有人遗弃。这里不再有任何的以新替旧，破旧的单元就这样留在了那里。在纽约，这种趋势仍然在继续，1971年大约就有10.5万个住宅单元被遗弃。

种族隔离给美国城市中的过滤过程加入了另一个维度——它是一个推力而不是一个拉力。黑人家庭、西班牙裔美国人家庭、迁
入白人聚居区空置地带的少数民族，这些都加速了白人人口的迁 52
出。起初，迁入的少数民族家庭搬进这样的邻里要为房屋的质量买单。但对于种族变化以及种族聚集的恐惧促使白人人口的流出加快，结果形成了持续的邻里种族隔离。为了描述这一现象，我们画了一张图，图中标出了美国大都市中心地区的人口状况，其中横轴是人口变化率，同期黑人人口的增长百分比则为纵轴，二者之间有明显的反比关系（图9）。当一个城市中黑人人口的规模和集中程度越大，中心城市的总人口数下降就越快，而且下降的速度是黑

人增长速度的两倍！从前，这些极化现象在一个区域和在另一个区域有明显差异，但现在，其表象已是遍及全国了，这也预示着国家社会的出现。

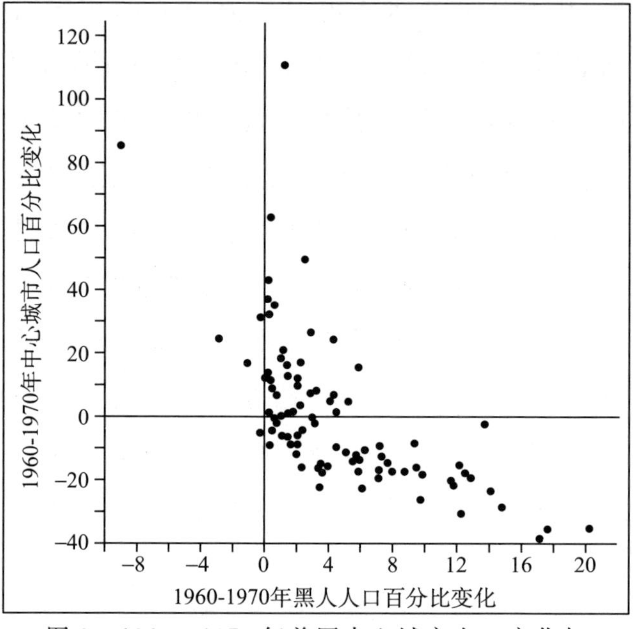

图 9　1960—1970 年美国中心城市人口变化与黑人人口增长之间的关系

53　结果正如同约翰逊总统的“犯罪与暴力委员会”所描绘的美国城市未来景象：

> 我们可以预计到城市环境的社会分化进一步加深、过分狭小的社团形成、不同种族和经济阶层的隔离加剧……以及对待各种各样问题的态度两极分化。期望建立由一个内城之中正面临经济衰退的中心商业区组成的“防御性城市”(de-

> fensive city)是合乎情理的。这种防御性城市白天受到人们在建筑物里的购物或工作活动的保护,夜晚则由警察“封锁”起来。高层公寓和住宅“混合体”将成为被设防的“细胞”,以护卫居住在内城之中最好区位的中上层和高收入群体。由于主要受到种族和经济同一性的保护,那些在地域上与中心城市相分离的郊区邻里将是“安全地区”……

此外,汉德林指出,在大都市区域内社会隔离的思想呈上升势头,与之并行的是国家社会的出现,这两者之间的连接必须被融进新的社会理论之中,而这种理论要求能理解新的城市体系中新的生活方式。

工业大都市只能继续集聚发展,因为对于那些彼此依赖的专业人员来说,他们不得不频繁地或密切地相互联系,而接近就意味着更低的交通和通信成本。引起这种新的城市化的一个最重要的因素是由于时空压缩所致的向心性的削弱。实际上,所有工业化时代的技术发展都对消除地理空间的束缚产生了影响。交通和通信的发展使得人们可以在距离活动中心更远的地方生活,也使得信息使用者能够获取遥远地方的信息。

现代通信技术的发展为信息传递和社会事务的远程处理提供了更好的渠道。过去,要通信便利,首先就要将人带入城市。而现在,远距离通信的时间消除特性与新兴通信技术跨越空间的能力相结合调制出一种溶剂,在时间和空间上溶解了向心性的城市,产生了所谓的“没有城市的城市文明”(Kristol,1972)。

目前正受到关注的是塞尔旺-施赖伯(J.-J. Servan-

Schreiber,1967)所认为的“美国的挑战”的本质,即时间及空间的
54 压缩和变化的加速,伴之以人类的经验不断丰富,以及由于信息集中化和即时通信能够以距离衰减的方式在远距离交易中产生出类似现场的特质而引起的面对面交流的需求降低。新的电子技术具有革命意义的方面是它们不仅减少了商品和人流动的摩擦力,而且还能传递人的经验而不必将人的神经系统也传送过去。传统的方法是需要人的个体亲自去获得经验,而现在我们越来越多地可以选择去传递经验以接近个体。因此,人可以被置于那些非电子的经验最令人满意的地方,这就是变化的第二部分——日渐抬头的地方主义。

相应地,现有的人口正在表现为有倾向性地分布。聚落类型广泛分布于陆地表面,坐落于那些气候和景观最宜人的地方。聚落密度根据东部大都市区城市远郊边缘的范围变化。目前很多国家日常城市体系的边缘已经推进到100英里而远离了传统的城市中心。更重要的是,向心性意味着“中心城市”这个词的使用不再适宜。今天的日常城市体系是作为多结点、多联系的社会系统在运转。任何一个这种系统的本质在于其随着通信方式变化而变化的相互联系与作用。居住的地点和工作的地点两者似乎都是与社会动力学相呼应的。与此同时,新的通信媒体,尤其是电视在美国大众中造成了对于衰落的中心城市、从前住在外围地区(现已空置)的居民的新屋这些问题的普遍理解。这些新的通信媒体还使大众获得了对于骚乱的直接现场体验,详细记录了他们遭受的挫败,敏锐地意识到了正在显露的分离主义情绪。随着收入的增加和休闲时间的增多,城市白人居民的郊区化趋势日益明显,这绝非

偶然。拥有较多财富和闲暇时间的人们趋向于在有山、有水、有森林的偏远环境中居住和工作。同时，这也是大多数人的理想。正是这些新产生的社区、与新的交通要道相呼应的流、从增长中心向外的辐射波、敌对的社会团体之间彼此排斥的相互作用、随就业分散化而增长的沿着城市边界的隔离所产生的反向交换，以及社会 55
动力学的许多其他方面相结合创造了美国新的城市体系。这与 19 世纪末传统城市化概念起源时期的情况存在很大差异。

面向新的社会理论

到目前为止，还没有一种新的社会理论可以解释美国新型城市化的动力机制及其人文后果。至少，这样一种理论一方面必须认识到在真实的国家社会中日益增长的规模和人口流动之间的矛盾；另一方面也必须看到，人们越来越主张一种在强化的文化多元论背景中具有可预知的生活方式的小而紧凑的社区马赛克。

阿布-卢格哈德（Janet Abu-Lughod，1968）指出，撇开早期的术语被证明是不充分的这个事实，用层域（scale）、相互作用密度（interactional density）和内部差异（internal difference）来替代沃思的规模（size）、密度（density）和异质性（heterogeneity）因果三变量，以此来构建这种必需的理论，还是可能的。现在让我们来看看这些替代的变量。

层域和流动性

根据阿布-卢格哈德的说法，层域不同于规模。二者间的差异

主要体现在，层域衡量的是一个特定联系网络的范围，而不是其参与者数量的多少（虽然随着网络范围的扩展，直接或间接地受系统决策影响的人数会自然增加）。层域概念缺失的是清晰的地理指示。尽管在沃斯描述的城市化里，层域在地理学意义上是与规模结合在一起的，但在新型城市化里则有所不同，因为牵涉到国家层面上人口流动的增长。

另一位美国社会学家格里尔（Scott Greer，1962）对增长的社会层域中最主要的三个方面进行了界定。不管人们是否意识到，相互依赖半径的扩展都意味着他们已相互成为达到个人目的的手
56 段，并且相互依赖的程度在增强。与此同时，层域的增长加速了通信流范围的扩展和容量的增加，从而导致特定社会组织内部依附和控制范围扩大、大规模组织凸显。这些组织的控制是全国性的，其劳动和报酬分配也很类似，倾向于超越本国差异极大的地理和文化亚区域而发展成一种分层系统，形成国家公民（national citizens）。

帕卡德（Vance Packard，1972）曾经特别强调这种全国性的特质以及它的伴生物，即日渐增长的人口流动。帕卡德发现每个美国人一生平均要迁移 14 次，而英国人 8 次，法国人 6 次，日本人 5 次。然而，这个数字在不同的社会群体中差异较大。接受过大学教育、收入较高、为大公司或政府组织工作的群体流动率较高，其年龄范围在 20 岁中段到 40 岁中段。低流动群体主要包括蓝领和其他工人阶层，其生活依赖于周围邻里内的血缘关系和种族关系。高流动群体的迁移通常是从一个城市区域到另外一个城市区域，但这一过程中他们很少改变自己的生活方式；他们倾向于在相

近的社会环境间进行迁移。确实，他们对社区生活质量的评估集中在社会环境的特点上。专业的房地产顾问会帮助他们寻找能提供在学校和邻里、收入水平、教育、家庭背景和俱乐部等方面相同环境的社区。帕卡德指出，“他们不会改变他们的环境，只可能改变他们的地址。”这种对于维持特定生活方式的环境类型的依附即是当代美国人调整他们对维护基于地方的安全感和稳定感的要求以应对全国性的高流动性社会出现的方式之关键。

帕卡德将流动性等同于漂泊无定，并将漂泊无定视作一种病态的倾向。他认为与新的迁移生活方式相关联的是：较低的社区包容性、少量的亲密朋友、高发的酗酒和不忠行为。此外，他还指出一种逃避不愉快的强烈趋势，及因此而产生的较低的挫折承受能力、强烈的冲动，并认为虚伪陈述（misrepresentation）的趋势正在增强。如同进步党那样，帕卡德认为美国需要重新恢复一种社
区感。然而，这种认识遭到诸如斯罗尔（Leo Srole，1972）等精神 57
病学家的质疑。斯罗尔认为，尽管在过去，城市的精神错乱发生率要高很多，但新的证据表明这种情况已经不复存在。他指出，诸如规模或密度这样的地方约束性变量（place-bound variables）已不再适用于比较精神错乱率，因为人口流动对于具有较高流动性的人而言，意味着在差异极大的自然环境中至少存在四种连续的生活方式：成长在一个小的社区内；事业生涯建立在城市的公寓邻里；在郊区抚养孩子；“空巢”夫妇退休后搬到气候更好的地方、远郊农村或者专门的大城市公寓。从这个角度讲，社区的类型不仅仅是前置因果变量，也是一个与个体生活方式偏好相关的自我选择和相互作用或循环的变量。进一步说，在日常生活的旋律中，成

年人要经历很多个社区类型。因此，从心理健康的观点来看，基本的问题是：哪些类型的人是固步不前的？又有哪些类型的人是被吸引前往各种各样的环境的？斯罗尔通过对曼哈顿市中心的研究(1962)后认为，对于父母双亲患有精神疾病、经济贫困以及家庭不和等特殊状况下的儿童而言，大都市和乡村的贫民窟都比毗邻非贫民窟的邻里有更多的精神病问题；而对于寻求变换生活环境的成年人来说，在绝大多数情况下，大都市是一个比小社区更适宜的疗养环境，尤其是对那些愤世嫉俗的逃避者更是如此。

相互作用密度

阿布-卢格哈德认为密度也应该被重新定义以使它能适用于 20 世纪的城市化。她指出，涂尔干在进行物质密度(人口集中程度)和动态密度(相互作用率)之间概念区分的同时，还认为，如果加强社会接触的技术被考虑在内的话，物质密度可以被用作动态密度的一个指标。沃斯的城市化研究所假设的这种一致性已经被打破。正如迈耶(Richard Meier，1962)明确揭示的那样，通信所促进的交互作用密度远大于允许的或需求的物质密度。

58 但阿布-卢格哈德却向前迈进了一步。在这里复述一下她的论点是有益处的。她认为，这种新的密度在性质上与那种通过集中度间接测量的相互作用不同。其中第一和第二层级上的相互作用渐渐被一种从个性的深层伸展出来的相互作用——*第三层级的相互作用*所取代，这导致了第三层级关系的出现。如果第一层级的关系是一种个体在众多角色方面相互认识的关系，那么第二层级的关系则意味着对他人的认识只是在单一角色方面，而第三层级的关系就仅仅只是角色的相互作用。扮演角色的个体是可以相互变换的,事实上,随着许多相互作用的计算机化,这些个体甚至是可有可无的,至少在即时联系这一点上是如此。正在相互作用的不是处在这个或那个角色地位的个体,而是他们自身的功能角色。这种第三层级的关系只能在实体隔离的情况下维持,一旦被实体接触所取代,它们就向第二层级的关系进行转化。因此,在城市地区,借助大量媒体特别是电视所造成的认知,不同社区的隔离促成了角色和生活方式的一成不变,很多人按照这种认知来对待别人,就好像这些认知是正确的一样。

内部差异

按照沃思的观点,异质性最初来源于外部,后来被移民不断加强和维持。城市不断接触各种各样背景的人,因而被构成进行相互交流的沃土;身体的迁移被假设为导致心灵的迁移,诸如世界大同主义和对继承而来的信仰的质疑。当地社区被认为是主要通过情感纽带而不是居民对于他人的作为工具的有用性而连接在一起的。这些连接在城市里比在小城镇里要弱得多。帕克(Robert Park)关于经过"分拣的过程"进入"接触但不相互贯通的极小世界"的形象化比喻在城市里很流行。城市被认为是由一个自我保持并紧密控制其成员的村庄式单元所组成的马赛克。与其他进步党的思想家一样,帕克以怀旧之情回顾了家庭、种族和部落生活,他对通信、教育和新的政治形式寄予厚望,期盼能重新构建情感社
区,形成一种可与在简单社会类型中自然成长的东西相媲美的社 59
会秩序,创造出一种异质性的积极结果以及各民族融合的地区。

但是沃思和与他同时代的人认为大规模组织的生长、组织控制的集中化、渐增功能的劳动分工和汽车的广泛使用削弱了地方社区的重要性。然而，各民族融合地区的混合既没有出现预言的异质性的降低也没有发生同质性的增长；相反地，社会的融合更易于精细的内部细分。

首先，众多移民团体被吸收进入更大社会的程度现在看来相当有限。戈登(Milton M. Gordon，1964)将同化过程视作包含几个步骤或次过程。一个步骤表示同化过程中的一个“类型”或“阶段”。他识别了几个变量，并认为通过这些变量可以测量特定团体的成员被同化进入周围原住社会(host society)的程度。这些阶段和次过程如下所示：

同化类型或阶段	次过程或条件
1. 文化或行为同化	文化模式朝向原住社会发生改变
2. 结构同化	大规模地进入原住社会的各种圈子、俱乐部和协会
3. 婚姻同化	大规模的通婚
4. 身份同化	特别基于原住社会的民族意识的发展
5. 观点接纳同化	偏见消失
6. 行为接纳同化	歧视消失
7. 市民同化	价值观或武力冲突消失

依据这些标准，信奉新教的美国白人是最先被同化的。确实，最常见的组成主流社会或原住社会的就是这些人(Anderson，1970)。然而，甚至在原先的团体生活中，他们也倾向于组成小集

团。例如，很多新英格兰上流社会都是由聚集在排他性的社会团体内具有自我意识的土著居民家庭所组成。 60

另一个极端则是美国黑人表现出最低的同化性（Pinkney，1969）。总体上他们是适应文化的，但结构、婚姻和身份方面的同化程度最小。他们继续承受着广泛的偏见和歧视。当黑人权利提倡者获得了更广大的选民支持的同时，冲突却日益增加而不是降低。那些开展了谨慎的一体化尝试（如用公共汽车运送上学的儿童）的地方，种族摩擦逐渐增强，其结果是更大的极化而不是包容性的增加（Armor，1972）。

犹太裔美国人适应了美国中产阶级的生活方式，成为一个彻底美国化的团体（Goldstein，1968）。然而，与此同时，他们也越来越强调他们是“犹太人”，包括与犹太文化、宗教和组织生活的联系。特别是第三代以及更后辈的犹太人正在以独立的群体身份寻求情感同化。

至于另一个团体——日裔美国人则经历了与广大美国社会一致的日本文化的多元发展（Kitano，1969），而印度裔和墨西哥裔美国人却还都存在亚文化与多数价值观之间的冲突（Wax，1971；Moore，1970）。由于“印第安人权力运动”（Red Power）和墨西哥裔美国人运动的战斗性，这种冲突正在升级。

在其他种族团体的案例中，尤其是来自东欧和南欧的天主教徒蓝领阶层，文化多元化特征也在增多。让我们来看芝加哥的例子。种族和族性是芝加哥公共生活中最主要的问题。芝加哥的居住模式、邻里学校、商店、社区报纸、医院、老年公寓、教堂、存贷款机构、慈善机构、互助和文化组织都证明了种族划分在芝加哥文化和政治中的地位。影响住宅所有权、学校、公屋、警察机关、商店业主、州和联邦基金及福利分配的公共决策越来越被认识到与民族团体或种族团体归属有关。族性确定了城市的利益群体，并在城市的公共政策制定中被认可，以及受到政客和已建立的制度的支持。人种和种族配额被官员们以非正式的方式大范围地采用。芝
61 加哥按人种和种族界线设立警察和公立学校教师协会，而且人种和种族的职业协会和专业协会也在复兴，从而巩固了确定这些团体利益的趋势。

美国城市的异质性起初是由连续的移民流所引起的，当时鼓励同化的政策在意识上被认为是理所应当的。消费者展现了其行为和偏好的多样性，但这被视为是暂时的和可消耗的。中产阶级白种人“美国化”的标准可能是外界强加的，并且可能根据更高的共同同化目标予以验证。人们以他们自己的方式行事，仅仅只是因为他们还没有学会更好的方式。孤立的地方居民社区被看做是一个转瞬即逝的实体，只有暂时的种族和社会-经济隔离模式持续存在时，它才会维持下去。但是从长远来看，当人们发现其他更好的非地域性的联系基地时，这种地方社区将趋于衰落。通常认为地方团体在特征上带有强制性，比起自愿的社团形式具有较小的吸引力。后者将会很快取代地方社区关系，这些“利益社区”(interest communities)将从政府和大型商家获得更可靠的支持。随着种族和社会-经济隔离的消失以及利益社区取代居住社区，地方社区亦将衰落。

然而，目前美国的城市区域中显示出一种新的异质性类型的存在及其逐渐强化的趋势。这种异质性产生自内部差异，可以从

文化多元化的不同意识形态的角度进行理解。在这样的框架下出现的社区形式绝不是更为破碎的地方化社会发育不全的残余物。

在理解这些新的社区形式方面,萨特尔斯(Gerald Suttles,1972)前进了重要的一步。萨特尔斯指出,理解这个过程的一个重要的出发点是重新找回儿童时代的认知地图。对于儿童来说,随着离家距离的增加,信息密度迅速减小,其对城市的认识向外扩散。能让他感觉舒适的熟悉地区构成了其对邻里的体验。

但是城市并不是由无限多个以百万居民中距离他的伙伴仅有 62
微小空间移动的人为中心的社区组成的。可以说,有少量的社会标识被用于可界定的地理区域。因为城市的人口特征是持续变动的,而街道的一侧和另一侧并没有清晰的划分,于是社会就将直截了当的标识强加于特定的地理区域之上。邻里的类型并非简单地建立在本质上,它还是一致意愿下的强制性定义。

萨特尔斯指出,邻里标签一旦确定,就会产生真实的后果。对外部而言,它诱导决策制定出更易于管理的条款。居民可以形成一套关于有限的几个社会类型的观点并且据此开展行动,而不是处理大量城市街道纷繁多变的现实。对于生活在其中的人来说,邻里界定了相对没有侵入者的区域,指示了哪里有潜在的朋友或者哪里可以发展潜在的朋友,将可能的地位不平等减至最小,并且简化了众多的针对空间活动的日常决策。因而,这种邻里的心理地图不是多余的认知负担,而是承担着重要的心理的和社会的功能。

按照萨特尔斯的理解,邻里的边界是由物质障碍、种族同一性、社会阶级以及那些共同界定存在特定生活方式的同质区域的因素所确定的。但是如果邻里首先是作为一个创造性的社会实体而存在，那它仍然拥有某些重要特征。首先，它成为构成个人身份的要素，是明确的身份凭证而不是人们的主观评定。邻里的声誉可能有以下几个来源：第一，所处区域的总体特征；第二，与附近邻里的比较和对照；第三，历史渊源。在这个框架下，社区首先是靠共同的情感、原始的团结联系在一起的人，这种思想表达了一种超罗曼蒂克的社会生活观念。社区导致社会控制，并将人们分隔开来以避免危险、侮辱和身份要求。但无论是哪一种由社区造成的情感都将严格受到功能实体的制约。

居民参与的社区组织有多个层次。其中最小的单元是单侧街区（face block）。对于孩子们来说，这就是被父母划分出来的特定
63 的社会世界。在这里，面对面的交流是最可能发生的，作为结果而产生的制度形式就是街区社团。按萨特尔斯的分类，接下来的就是防御性的邻里（defended neighbourhood）或最小命名社区（minimal named community），是居民和外界都承认的具有一定特征的最小的城市片段，它拥有维持日常生活正常运转的众多设施。第三，城市居民也参与到有限责任的社区（community of limited liability），即一种较大的拥有制度化保障的称谓和固定界限的区域。这个概念最早由雅诺维茨（Morris Janowitz，1952）提出，强调故意、自愿，特别是居民在他们当地的社区内有差别地吸纳。外来的代理机构比如社区报纸常常成为界限、目标和完整性等这些社区感觉的保护者。最后，更大的城市片断也可能因响应环境压力而形成，即一种扩展的有限责任社区（expanded community of limited liability）。个人会发现他要保护的并不只是走出

邻里的公路，还有走出整个南部的公路。通过这样的方式，各种层次的社区组织作为对更大社会环境的响应被创造出来。城市社区映射出全部群体的社会差异。

马赛克文化中的生活方式

美国人生活的社区在种族和社会经济组成方面变化多样，进而在他们可采取的生活方式、可用于刻画社区形象和边界的实体特征以及历史上他们对独特声誉或身份的要求等方面也呈现出多样化。在一个富于流动性的社会中，其成员根据社区可能提供的生活方式，在社区中进行选择。那么，抛开与基于种族和族性的文化强化相关联的差异不谈，在今天的美国社会中主要的生活方式差异又是什么呢？

这种差异似乎起源于所有美国人共同经历过的两个发展过程：(1)贯穿生命周期的片段。其间有一些与从此州向彼州的迁移相关的急剧停顿，如结婚、家庭扩大、加入劳动大军、退休等等。(2)伴随社会流动的可能需要、阻碍或模仿地理流动的职业生涯轨 64
迹。这些发展过程受到几个不同价值系统的干扰：家庭主义，这种思想中家庭生活被给予高度重视，相应地，大量的时间和财力被投入到家庭生活中；功利主义，这种思想中有一种向上的社会迁移趋向，相应地，个体则热衷于参加与职业有关的活动，至少部分地对家庭生活有所忽略；地方主义，意味着利益局限于邻里地区，偏好于本地性的团体；世界主义，意味着不受地方联系的约束，偏好于范围是全国性而非地方性的团体，所以，世界主义者居住于一地而生活于全国。

从这个角度出发，我们可以区分出以下几类社区：工人阶级社区、少数民族聚居区和种族中心。在这些地区，主要的相互作用广泛形式是非正式集会场所，街角帮、教派团体和选区政治活动都试图统治公共生活的集体形式；中等收入、家庭主义盛行的地区，其非正式关系似乎主要因孩子的管理而形成，而正式组织也比在低收入地区有更广泛的发展；富裕的公寓区和专有的郊区，通常都存在一种相互作用和有组织的私有化模式：社交俱乐部、私立学校、乡村俱乐部和商业协会等；国际性社区中心在一些城市中已经存在，在一些城市中正在萌生，后者在增长过程中逐步产生大量的本土天才或异端，并界定其共同的生存环境（Suttles，1972）。

引用费舍尔（Fischer，1972b）的话说，在后一个例子里出现了亚文化强化（subcultural intensification）的最极端形式——先前作为城市外部社会实体而存在的团体，当新的文化价值观和规范被确立时，扩张的城市系统内部出现的新团体在信仰、价值观和凝聚力等方面得到增强。其中包含两个方面的内容：一个是“有影响力的大众”（critical masses）的成长，这促使那些可以加强亚文化并吸引其更多的成员进入城市的亚文化制度得以发展（如为种族团体服务的政治力量和国家教会、“吉普赛人”的住所、知识分子的书店、艺术家的博物馆、老年人的新型社区以及每个团体的“聚会
65 场所”）；另一个是与其他能增强自身身份感和归属感的亚文化形成对照。尽管沃思认为城市里不同文化的冲突可能会否定一切价值观，但内部的凝聚力却因接触而引发的冲突得到了增强。这就是阿莫（David Armor，1972）在《公共汽车的证据》中的结论。

强化的一个重要形式是犯罪亚文化的出现。鉴于沃思模型用

规范的消亡解释了不轨行为,可选择的办法就是将不轨行为看作是从社会中心价值观中偏离出来组成亚文化的部分。很多犯罪行为特别是城市犯罪的团体本质似乎很是明了。例如,伊利诺伊州将罪犯划分为四个类型的次团体:社会悲剧型、不成熟型、神经病型和团伙牵连型,其中团伙牵连型是最危险的罪犯群体。因此,城市中较多的犯罪行为可以通过犯罪者的集中化过程来解释(如地下组织的发展),同时也可解释为一个犯罪目标的集中化过程(如财富和有钱人的集中)。同样的强化过程也将会相对于其他的非正常亚文化而起作用,如同性恋、妓女、嬉皮士、政治异端分子等等。

这些变化的结果就是已经或即将出现在美国的马赛克文化(mosaic culture)——一个包含众多并行的、但差异较大的生活方式的社会。尽管其中的一个后果是社会整体的分裂,但从另一角度而言,由于人们趋向于脱离不同生活方式和价值观的团体而回归同质性社区,这就意味着和谐的产生。同质性社区的马赛克维护了不同生活方式的存在,这些生活方式内在地具有凝聚性和排他性,对外则具有非侵略性,但受到威胁的情况下例外。在马赛克内部的迁移使得居民对他们的社区十分满意,同时也为那些希望能更好地满足其对生活方式的要求但又不愿意搬迁到另一个地方去的人提供了选择(Gans,1968)。

美国的规划方式

20 世纪的城市化转型已经开始,美国的规划方式也趋向于支
持私有化和马赛克文化而不是提高规划方案的生产性。 66

美国的新城

让我们回顾一下美国新城建设的经验。20 世纪以前，最初的新城镇主要是为工业企业服务的公司镇(company town)。随后出现了规划的郊区城镇，以满足从大城市迁移出的人口的居住需求。大约在第一次世界大战时期，联邦政府在工业区建立了一些应急住宅社区。20 世纪 20 年代，仿照英格兰利兹沃兹(Letchworth)，在建设美国式花园城市方面进行了众多尝试。最著名的例子是由 C. 斯坦(Clarence Stein)设计的一系列社区，不过这些社区大多数仅仅只是一个大城市内部的规划区，例如纽约城的向阳花园(Sunnyside Gardens in New York City，1924—1928)和匹兹堡的查塔姆村(Chatham Village in Pittsburgh，1932)。第一个作为独立花园城市予以实施的社区是 1928 年开始建设的新泽西的莱德堡(Radburn，距纽约城大约 16 英里)。

30 年代的新政时期，在联邦政府的支持下，兴建大量新城和绿带镇的思想被给予了特别的重视。项目官员特格韦尔(Rexford G. Tugwell)计划兴建 3 000 个这样的新城镇，聚落管理局(Settlement Administration)选择了 25 个新城镇。罗斯福总统批准了其中的 8 个，国会又将其削减至 5 个。最后，仅有 3 个城镇得以实施建设——马里兰的绿带镇(Greenbelt)、俄亥俄的绿山镇(Greenhills)和威斯康星的绿谷镇(Greendale)(Conkin，1959；Arnold，1971)。此外，30 年代联邦政府也参与了新城的建设，它们中许多与大规模的电力和垦荒项目的实施以及 40 年代通过了原子能计划有关。

一项最近的研究发现，美国在 1960 年到 1970 年间，总计 376 个占地规模在 950 英亩以上的城镇得以开发建设，占用土地接近 150 万英亩。其中，有 43 座可划归为新城，主要坐落在气候温暖的快速发展地区。所有这些新城项目的开发者被称为“新型企业家”。他们包括：(1)具有房地产和住宅开发背景的建设开发商；(2)对生产提升和金融多样化感兴趣的大型国有公司；(3)提升财产价值的大地主，原本他们获取这些财产是为了其他目的，如作为 67
农场或矿场等；(4)大的抵押权人，如银行、保险公司和储贷机构，也包括少量的独立开发商，他们进入这个领域或多或少是出于偶然。需要指出的是，所有这些团体都是私有性质的。美国的新城开发具有很明显的企业家属性，其目的是获取城市开发中的潜在利润。就其中存在的公众参与而言，其出发点是为了在发展过程中获得一些宽松的政策以降低企业的风险。

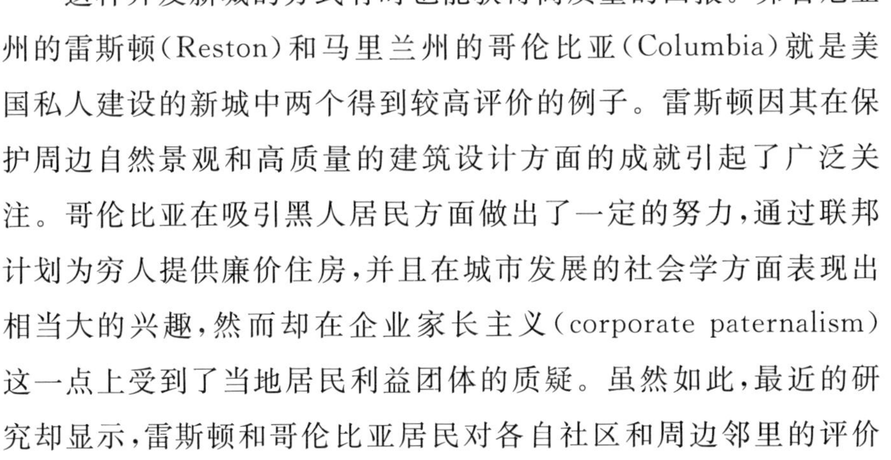

这种开发新城的方式有时也能获得高质量的回报。弗吉尼亚州的雷斯顿(Reston)和马里兰州的哥伦比亚(Columbia)就是美国私人建设的新城中两个得到较高评价的例子。雷斯顿因其在保护周边自然景观和高质量的建筑设计方面的成就引起了广泛关注。哥伦比亚在吸引黑人居民方面做出了一定的努力，通过联邦计划为穷人提供廉价住房，并且在城市发展的社会学方面表现出相当大的兴趣，然而却在企业家长主义(corporate paternalism)这一点上受到了当地居民利益团体的质疑。虽然如此，最近的研究却显示，雷斯顿和哥伦比亚居民对各自社区和周边邻里的评价要比未规划的郊区居民对其社区和邻里的评价高得多(在其他地方也有同样的发现，如英国的新市镇)。事实上，在许多案例中，概念和规划就是吸引人口迁入的最初动力。上述两个新城镇的重要特色可能就是拥有充足并且位置适中的可供家庭活动的开敞空间。此外,还有较低的噪音水平和出众的维护能力。环境连同学校质量共同构成居民对规划社区满意度最重要的来源(Zehner,1972)。

住房政策

美国住房政策的发展也经历了类似的阶段。联邦住房管理署(Federal Housing Administration,FHA)是作为新政的一部分而出现的,其目的是为了保障特定条件下的抵押、取缔条件较差的房
68 屋、为穷人提供公共住房,其中最重要的是刺激经济发展。到1950 年为止,总计为低收入家庭提供了 17 万套住房。

第二次世界大战以后的计划发展是个累积的过程。FHA 中增加的退伍军人管理局(Veterans Administration)抵押援助计划,最终为超过 680 万的回乡退伍军人提供了新的住宅。1949 年的《住房法案》加强和扩展了贫民窟清除和公共房屋计划,并为社区改善制订了具有可操作性的计划。这为住房援助和城市更新、社区更新和示范城市计划(model cities programmes)提供了重要条件,进而为实现全面的社会经济和城市物质目标奠定了基础。更全面的法案在 1968 年和 1970 年制定完成,使美国不仅仅只是简单地成立了一个住房与城市发展部(Department of Housing and Urban Development),而是形成了一个“新型社区”计划。许多公共投资计划影响着城市物质景观,其中最引人关注的是庞大的州际高速公路计划(Interstate Highway Programme)。除此之

外,这些公共投资计划还包括诸如机场、污水系统、娱乐和开敞空间设施以及医院等众多方面。

联邦住房计划在几个重要的方面对美国的郊区化作出了贡献,创造了几百个标准化的"莱维特镇"①。在这些开发过程中,联邦政策与地方规划相结合,维持和支撑着邻里的同质性,特别是将黑人和穷人排斥在外。我们在第一章中谈及了美国土地分区规划的保守性。战时及战后时期,城市规划实践中一个最具影响力的思想就是佩里(Clarence Perry)的"邻里单元"概念。佩里认为重要的是城市由严格限制的邻里单元所组成,实体特征显著,由于围绕一个共同的社区活动中心而形成的组织具有地方一致性。佩里的邻里模式对地方规划委员会和分区规划委员会产生了深远影响。设计良好的邻里可以加强社会凝聚力和邻里和睦,凸显大城市内部小社区的优点。这种思想与主流社会哲学相一致,并相应
地认为维持邻里同质性极为必要:邻里是一个"不相容的混合体", 69
包含了不同种族、族群以及居住区内的产业活动。特别是种族和文化团体的混合体被认为是不利于邻里发展的。限制性契约明确地将少数民族群体的成员排除在外。国家房地产协会的"道德规范"中认为房地产经纪人将"不相容的"团体引入邻里是不道德的行为。FHA评价手册的早期版本禁止社会融合,并要求抵押机构也遵循这一规则。尽管白人中产阶级的郊区化和在中心城市的穷人和少数民族被迫形成少数民族聚集区(ghettoisation)的情形并

① 莱维特镇,英文为Levittowns,是纽约房地产开发商威廉·莱维特(William Levitt)在政府给予的优惠政策支持下首建于长岛的一种经过良好规划的小城镇,后来成为美国很多郊区小城镇开发建设的标本。——译者

不是联邦政策的产物——居住分异和次社区的形成至少可以追溯至 19 世纪早期——但战后几年的联邦行动确实促进了这些趋势的发展。

城市发展概念的扩展

20 世纪 60 年代，针对解决城市问题的联邦措施出现了新的整合趋势(Scott，1969)。从制订规划到将规划视作一个过程成为这一趋势的重点之一。如果期望少数民族居住区内穷人的收入得以提高，则编制中心城市的空间和社会计划成为必要，因而出现了诸如社区更新计划(the Community Renewal Programme)和示范城市计划(the Model Cities Programme)之类的尝试。其中，重大突破来自 1968 年的《住房法案》。这项法案认为民众对穷人住房供给速度的不满情绪正在增长，提出了在 1968—1970 年间为低收入群体兴建 30 万套住宅的新计划，将全部住房中低收入住宅的比例从 1961 年的 3%提高到 1971 年的 16%(Kristof，1972)。同时，一场关于国家增长政策的争论在 1970 年达到顶峰，在《住房与城市发展法案Ⅶ》中，要求总统

> 为了协助一项全国性城市政策的发展……从 1972 年开始在每个偶数年的二月份给国会提交一份关于城市增长报告。

第一份这样的报告是尼克松总统的国会报告《1972 国家增长
70 报告》。报告认为，在美国，私有化将会盛行：

> 增长的模式受到个人、家庭和商家决策的影响……以达到决策制定者的个人目标为目的……[这样]决策就不可能被规定……在许多国家，中央政府采取强制性的综合性政策去控制增长的过程。由于某些原因，类似的政策还没有在美国采用过。其中最主要的原因是我们高度赞赏的与众不同的政府形式……对于最高层次的政府来说，设计出可以在国家各个方面都适用的发展政策是不可能的。

早在1968年，尼克松总统就批准成立了一个国家目标研究机构，并赋予其三项职能：预测未来的发展和评估当前社会趋势的较长期的后果；衡量可选择的行动策略可能对未来造成的冲击；估计社会选择的实际范围，根据可获得的资源和可能的发展速率揭示能够达到的目标。尼克松总统还很感兴趣地让这个机构设计一种方法，"可以允许我们根据价值观和目标确定我们在哪里和将去何方，评估特定的计划并控制其影响。"的确，人们认为，对直接的标准化的影响进行统计学分析有助于对社会状况做出平衡、全面和简练的判断。如果真如很多人说的那样，将"真正的科学应用于社会事务的分析"，我们确实可以从中受益。当关于社会事务的决策建立在对事实信任的基础上而不是凭"正确的知识"时，我们的理性原则就会提升而不是被腐蚀。然而，这个机构所做的关于《国家增长：数量与质量》的报告被大多数人认为是一个令人沮丧的失败。

多元化问题

这个研究机构所忽略的是美国社会中存在的多样性和竞争性的利益团体。与其他多元化的民主社会一样(这里我们可以用澳大利亚或者加拿大来替代美国,仍不失其一般性),美国社会也因其深层原因而内在地缺乏目标导向。实际上,未来将是当前过程的结果,通过法定规则保护"主流"价值观,并从属于可能的重大转
71 变。这种可能的转变并不是设计出来的,而是由私有部门的重大企业决策或者在强大的私人游说活动影响下政府实施的重大决策而产生的。

美国的政治科学形成了一套明确的关于政策变化过程的信仰系统,依次影响问题的感知方式,其中有一个结果即将被看到。美国政治科学中关于这一主题的主导思想模式是政治和社会改革方面的渐进主义(incrementalism)。正如林德布卢姆(Charles E. Lindblom,1963)所说:"民主主义改变它们的政策几乎完全是通过渐进的调整。政策不会飞跃和跳跃。"当然,讨价还价、滚木立法[①]和联手合作的政治过程是产生"过去的决策是未来决策最好的预言"这样一种环境的主要因素。

在这样的压力之下,应用于目标导向型国家规划的理性向传统的决策方式提出了根本的挑战。例如,靠操纵利益集团的政纲和分配赞助保持其当权地位的政客感到他受到目标导向性活动的

① 英文为 log-rolling,即政党为了实现彼此的计划,互相勾结,互相捧场,互投赞成票。——译者

严峻挑战,因为未来导向型规划的真正效用是为更理性的决策而不是为利益集团的政纲提供一个基础。

同样地,在加拿大,李斯维克(N. H. Lithwick,1970)指出,没有明确的政策指导城市的增长。城市增长的推动力更多地是来自对加拿大经济发展的期望。他指出,加拿大有特定的经济目标,比如增长、完全就业以及提高收入水平,这些都是得到政府、劳动联盟、农业及商业部门认同和接受的。城市政策为这些经济目标服务,提供教育、道路、公共住宅的使用与供给、福利和保护性服务。但是这样就使城市规划限定在一种改良地解决问题的角色上,并且这种角色正为一种接受目前固有过程继续发展的不可避免性的态度所加强。李斯维克指出,"因为这些过程是抽象的和强有力的,并且满足了最大利益团体的需要,因而存在一种压力,就是不要去干预它们。"因此,他得出了"必然的结论:所有[加拿大的]城市问题中,最有可能妨碍任何重大改革的是城市政策问题。因此最首要的问题不是要遵循什么政策,而是对'任何城市政策都是需要的'这样一种观点的一致认同"。 72

当前时期,在加拿大或美国,没有哪个政体在城市政策的发展和执行方面是可以被信任的。有的只是一套不和谐、经常性对立、本质上随意的公共政策和计划的复杂组合,而且这些公共政策和计划的产生还是因为受到了启动城市增长日程的强大经济力量的激发。因此,如果说过去的城市化根本上是受一些有意识的公共目标支配的,那么其目的一方面是鼓励增长,这很明显是为了它自己的利益;另一方面,是提出公共建设工程和公共福利计划以支持主要由私人动机推动的零碎的、自发的发展。相反,当前国家城市政策的发展提出要改变出发点，对公共机构施加一种义务，以合理规划物质的、经济的和原本的城市生活面貌。这样，通过一套政策和计划的补充组合，城市政策表现为城市化目的的明确陈述，它的步伐、特征和价值将获得广泛的认同。

这样的城市化政策是所有第三世界的领导者所热切盼望的，这些我们将会在第三章中看到。但是也正如我们将在第四章中发
73 现的那样，这些政策只在欧洲得以实现。

第三章　扩散中的转型：第三世界城市化

最近10年，第三世界的国家正在经历与北美一样意义深远的城市化过程转型，产生了不同的城市形式和社会结果。A. 韦伯(Adna Weber)的统计表明，西欧和北美以外的城市化在1899年遭到了殖民扩张的触角所及的尺度和范围的限制。在20世纪这种情况发生了显著的变化。在过去的50年中，占世界城市人口1/4的发达地区，其城市人口增长了2.75倍(就是说，从1.98亿增长到5.46亿)，而第三世界国家的城市人口增长达6.75倍(从6 900万增长到4.64亿)。其中，拉丁美洲和非洲的城市人口都增长了8倍。在1920—1960年间第三世界的大城市人口增长更快，达9倍之多，而欧洲只有0.6倍，其他发达地区也仅是2.4倍(表4)。很明显，目前正在经历城市增长重大冲击的正是第三世界。1920年，第三世界城市人口仅占世界的25%，而到1980年这个比重已上升到了51%(Davis，1969)。

城市增长的不同背景

快速的城市化发生在经济发展水平最低而不是最高的国家，

这种情形与西欧、北美城市化加速发展时的情况一样(图 10)。此外,正如表 5 所示,在发生快速城市化的国家里,人们承受着最低的预期寿命、最低的营养水平、最低的能源消耗和最低的教育水平。

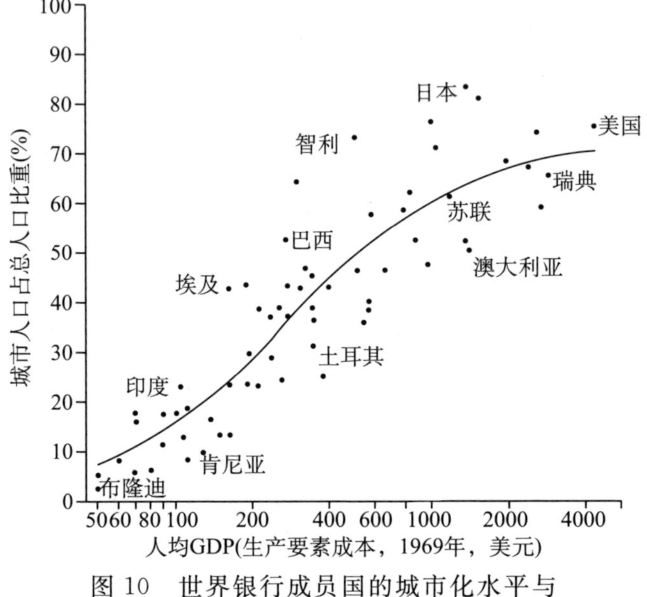

图 10 世界银行成员国的城市化水平与国内生产总值的比较(1970)

本图根据世界银行起草的原文版本重绘。

在西方,一个世纪以来的城市化始终与渐进的创新和相互依
74 赖的经济社会变化相伴生。当代的第三世界城市化与西方相比牵涉到的人数更多,移民增长更快、更迅速。工业化远远滞后于城市化,以至于大批的移民主要在城市中寻找最边缘就业岗位。

虽然西方的新工业城是危险场所,第三世界的城市却通常都比它们的乡村腹地要健康,而且几乎与最发达国家的城市一样健康。1940年以来，非工业化国家的死亡率发生了奇迹般的下降，第三世界的城市也不均衡地分享了这个成果——死亡率下降使得非工业化国家在20年里从死亡控制中获得的财富增长相当于同 75
一起步水平的工业化国家70—80年的积累。城市是这场死亡控

表4　1920—1960年世界及三个被选择地区居住在大城市(50万以上)的人口数　　（百万）

	1920	1930	1940	1950	1960	1920—1960 增长数	1920—1960 增长百分数
世界总计	106.6	143.3	181.1	228.2	353.6	247.0	231
欧洲	51.7	62.4	68.4	71.3	82.8	31.1	60
其他发达地区*	41.2	60.3	77.3	101.5	140.2	99.0	241
第三世界国家	13.7	20.6	35.4	55.4	130.6	116.9	836

* 包括日本、北美、苏联、南美洲温带地区、澳大利亚和新西兰。

资料来源：United Nations, Growth of the World's Urban and Rural Population, 1920—2000(New York, United Nations, 1969). 76

表5　生活状况指标

	按人均国民收入(美元)划分的国家组					
	1 000及以上	575—1 000	350—575	200—350	100—200	100以下
城市化						
城市化地区总人口百分比(最近的调查)	68.2	65.8	49.9	36.0	32.0	22.9
1995年人口超过10万的社区的人口百分比	43	39	35	26	14	9
死亡率						

续表

	按人均国民收入(美元)划分的国家组					
	1 000 及以上	575—1 000	350—575	200—350	100—200	100 以下
1955—1958 年预期寿命	70.6	67.7	65.4	57.4	50.0	41.7
1955—1958 年千人婴儿死亡率	24.9	41.9	56.8	97.2	131.1	180.0
食物消耗						
1960 年或 20 世纪 50 年代后期用于食物的私人消费支出比重(36 个国家)	26.2	30.5	36.1	37.6	45.8	55.0
最近 40 年人均卡路里消费量	3 153	2 944	2 920	2 510	2 240	2 070
最近 40 年总的卡路里中来源于淀粉的百分比(40 个国家)	45	53	60	70	74	77
能源消耗						
1956—1958 年人均消耗的千立方米煤炭等价物	3 900	2 710	1 861	536	265	114
教育						
1950 年 15 岁及以上人口的文盲百分比	2	6	19	30	49	71
最近年份 4/5 的 5—19 岁人口中学校登记入学百分比	91	84	75	60	48	37

77 注:国家按二战以后人均国民收入分组。

制运动最主要的受益者,因为它们是医疗科学技术、专家队伍和从发达国家获得的基金首先进入的地方,也是能以最小的成本惠及最多的人的地方。

非工业化国家的城市似乎对于人口再生产没有像 19 世纪和 20 世纪早期那样的敌对情绪。比起农村,城市人口再生产力要低一些,但低得并不太多。在两个案例里,人口净再生产率都比绝大多数工业化国家曾经的水平要高。在某种程度上,这种城市人口再生产是良好的健康和低死亡率作用的产物,也是一些能提高健康水平的恰到好处的变化作用下的产物。经济改善、公共福利、国际援助、补贴住房以及免费教育使得抚养孩子的负担比以前小了。给予大家庭住房的优先权,维持妇幼保健诊所,阻止已婚妇女进入劳动力市场,这些政策又附带地支持了城市人口再生产。同等重要的还有鼓励多育的原有制度结构——这种结构在城市里被固执地坚持着,因为这个时期的家长主义将其视为神圣不可侵犯的。

对处于成长中的第三世界城市的新居民来说,像这样正在发生的进步,将他们所处的地方与先前的西方经验相比,暗示城市应该是他们向往的地方——这是一种日益期待的革命性的想法。作为结果,快速社会变化的压力要比当时的西方要大。由于缺乏有效的能力来应对这种形势,国家政府越来越面临寻求更多革命措施的人们的对抗。

这种有益于革命政权更替的政治形势是近来绝大多数第三世界国家的殖民和非殖民地位的结果。殖民主义留下的烙印首先是许多主要城市作为殖民国家的管理中心而产生的。它们新近才从殖民主义中独立出来,这意味着绝大多数发达国家继承了有意识的集中化管理。其结果是,比起西方,政府参与更可能在第三世界国家的城市发展中实现。在 19 世纪的欧洲,是工匠和小企业主促
进了工业化的发展,而不是受过高等教育的国家官员。由于缺少 78

私人发展资金和企业家阶层，第三世界的发展更多地是政府主导的，并受到外国经济技术援助的影响，在国际外交中政府需要扮演一个精明果断的角色。作为发展过程中政府领导地位的结果，公共目标具有超越私人目标的优先权。

殖民政权不允许强有力的本土领导阶层的发展。虽然工业原材料的收集、囤积、出口需要高水平的组织和商业技巧，但是按照殖民关系的逻辑，从事这些工作的机会被严格控制，仅限于大都市国家的公民。事实上，很多独立后的领导人是在民族主义者或寻求独立自主的革命运动的框架内发展起来的，虽然他们具有西方教育经历，而且思想上通常还深受西方 19 世纪城市化模式的影响。

殖民世界的变化在第二次世界大战末期开始出现。起初，大都市政权放弃了对他们创建的议会政府以及为他们服务的西化了的官僚精英的控制。只在极少的案例里，议会的民主政治还在运转。大多数前殖民地国家迅速转向一党政府或转向充分的独裁统治。这种充分的独裁统治或者由革命精英领导，或者由军事集团把持。革命精英们以现代化为己任，一般都有一点潜在的社会主义思想，这种思想指导着他们试图改造社会基本结构，改变城市化发生的整个社会背景。而军事集团则不同，他们的观念引导着他们寻找国家的功效，但并不发生社会变革。

这种形势所导致的一个持续的问题就是城市正在成为新的政治精英们尽力促进的社会和政治变革的主要中心。这种新的中心性是一股吸引人们进入城市的力量。城市成为象征，从过度拥挤的乡村地区吸引了大量的移民流，特别是年轻人，其结果只是发现乡村贫困被城市贫困所替代。可以确信,经济发展在新政府中具有最高的国家优先权,只是它跟不上城市人口增长的步伐。79

在所有这些复杂的变化中,有三个主题显得十分突出,它们揭示了第三世界的城市化及其人文结果的大部分情况。这三个主题是:移民的本质和在帮助乡村向城市社会转型中外围居住区的角色——确实,有人说,未来的城市现在正在这些外围居住区中形成;与城市经济吸收劳动力相关联的问题,及其对增长的空间扩散、阶级结构与阶级冲突和发展中的亚文化马赛克的影响;第三世界政府为控制城市化的步调、尺度和方向的努力,这些努力开始是以“西方”的概念和思想作为基础,而现在有了更多根本性的内涵。这些主题将是这一章接下来的部分关注的焦点。我们得出的结论是:和 A. 韦伯所描述的城市化相比,第三世界的城市化是一个有着根本差异的过程,有着与被沃思奉为经典的传统智慧不符的人文结果。

外围城市聚落的移民和增长

有两个人口学因素在第三世界城市化中起着极其重要的作用。第一个是提高的自然增长率,其原因在于近 10 年中出生率只是适度地下降,而死亡率却是急剧下降。第二个是巨大的移民潮,他们从乡村地区和更传统的乡村城镇迁入每个国家的主要城市中心,尤其是国家首都和区域工业中心内部及周边的外围聚落。国内人口迁移对城市化的影响根据国家和区域的不同而有所差异,但在绝大多数案例中,移民在总人口增长中所占比例超过 50%(表 6)。

表6　近年来人口增长中移民所占百分比的估计

城市	时期	总人口增长（千人）	总人口增长中移民所占的百分比（%）
阿比让	1955—1963	129	76
孟买	1951—1961	1 207	52
卡尔卡斯	1950—1960	587	54
	1960—1966	501	50
雅加达	1961—1968	1 528	59
伊斯坦布尔	1950—1960	672	68
	1960—1965	428	65
拉各斯	1952—1962	393	75
奈洛比	1961—1969	162	50
圣保罗	1950—1960	2 163	72
	1960—1967	2 543	68
首尔	1955—1965	1 697	63

资料来源：World Bank, Urbanization Sector Working Paper (Washington, D. C., The World Bank, June, 1972), p. 80.

移民的后果

目前针对第三世界国家的移民开展了充分的研究，以挑战由奉西方19世纪经验为经典的理论家那里传承而来的关于其后果的社会政治主张。很多第三世界的移民研究以借用的命题开始，但是现在越来越多的研究转向质疑这种框架，并且建议对城市化
80 过程中外围聚落角色的表述进行重大修正。

根据小科尼利厄斯（W. A. Cornelius Jr, 1972）的观点，这些借用的命题集中在三个主题上：物质匮乏和流动期望受挫；个人和

社会的组织解体;政治激进化和分裂行为。通常认为移民将经历前两种状况,然后渐渐转入第三种状况。高比例和规模庞大的迁入者以及由城市和工业的增长率差异引起的有限的城市吸纳能力被认为是其持续不断的推动力。这样的理论十分明显是沃思式的,根植于涂尔干和西美尔的理论,同时也受到马克思著作的影响。

但是20世纪60年代完成的移民研究提供了令人惊讶、相互矛盾的证据。有研究发现,移民并非必然导致改善社会经济的期望严重挫败或者普遍的个人和社会组织解体,甚至当后者的状况 81
出现时,它们也不会必然地导致政治疏远。而疏远很明显也不会导致政治激进化或者分裂行为。城市移民在适应一大堆高度政治化的、可任意使用的平常概念上有许多方面都很失败。外围聚落的居民宁愿频繁地默认那些维持现状的政权制度。移民中占主流的认识是改善生活条件和生活机遇,并将这种经历作为迁入城市的结果,潜意识里也是将其作为对未来改良和减低政治危机感的基本信念。比起广大群众参与的政治暴力,城市的政治暴力限于学生和军事精英,不会牵涉到广大的老百姓。

为什么传统移民理论的解释如此薄弱呢?很明显,沃斯的城市化概念作为一种生活方式,在时间和文化上都限定于19世纪后期北美的移民城市。此外,它还被“民间社会”的人这样一个回顾起来带点理想化的概念涂上了浓烈的色彩,意即在社交中有凝聚力、自我满意、无争端、调节良好。于是就导致这样一种断言,说城市化破坏了这种田园牧歌式的民间文化。

这种传统看法的局限在于它把城市移民概念化为一个无差别

的群体，以统一的方式应对一组特定的条件，所有迁往大城市的移民都被假定为暴露在这些条件下。在现实中，不管是迁移之前还是之后，移民都是由庞大而毫无关联的社会类型的矩阵组成的。独具特色的移民亚文化随着差异极大的生活方式、价值导向和个人主观政治能力而发展。此外，乡村-城市的二分法并不存在；相反，在这些城市亚文化中却存在着乡村传统延续的宽广领域(Redfield，1941，以下同)。乡村的制度、价值观和行为模式被维持着，或者经过了改造以适应城市环境的特定要求。社会组织和互助网络继续在城市场景中发挥功用。

例如，非洲语言研究者曾描述过新的非洲大都市中部落意识的复活(Little，1965；Miner，1967)。这可能要归因于同其他团体
82 的冲突。正如社会心理学家一直确信的那样，冲突加强了全体成员内部的关系链。这些研究大部分指出，快速的迁移不会产生沃斯模式认为的快速城市化特点，如疏远、混乱、心理失调和其他组织解体的症状。这不是说没有贫困、失业、犯罪和卖淫，这些情况是大量存在的。但是对于非洲移民中的大多数来说，扩展的家庭关系链和城乡关系链还在维持。很多非洲城市富裕团体的生活建立在共同利益、相互帮助的基础之上，同时也基于对城镇中同一部落或种族、讲同种语言或者来自同一地区的人的友谊的需要，而远非“部落组织解体”的过程。伊斯兰和亚洲的城市研究以及拉丁美洲印第安人向城市迁移的调查都得出了很多同样的结论。在这些案例中，种族竞争仍然激烈，种族对抗也经常发生。

非法棚户区:被抵制的“贫困文化”

大多数第三世界的城市增长集中于所谓的“非法棚户区”(squatter)或者“失控的城市外围聚落”(uncontrolled peripheral settlement),这些地区分布着第三世界的绝大多数城市人口(表7)。他们名称各异:在拉丁美洲,称为西班牙语聚居区(barrios,barriadas)、城郊棚户区(favelas)、单层简易房(ranchos)、殖民无产者聚居地(colonias proletarias);在北美洲,称为简陋棚户区(bidonvilles 或 gourbivilles);在印度,称为棚户区(bustees);在土耳其,称为格色空度区(gecekondu districts);在马来西亚,称为卡哅棚(kampongs);在菲律宾,称为邦巴容(barung-barongs)。传统的城市看法认为:这种聚落犹如破旧的贫民窟一样,缺乏基本的礼仪,秩序混乱,无组织——许多城市规划的社区都持这样的态度,并认为这种聚居区的存在已经成为实现良好城市设计的妨碍物。

引用一个例子,前任联合国官员莫里斯·朱佩莱兹(Morris Juppenlatz,1970)将它们描述为一种“过度的凄惨、污秽和贫穷……人性堕落、剥削、文盲、流行疾病”的“传染病”、“病菌”或者“瘟疫”,伴随着

> 犯罪率和青少年行为不良大幅增长……由于日益增长的非法棚户区导致越来越多的人占地而居,抢夺土地,对财产权不尊重……在这里,城市的社会混乱和紧张正在上演,行政管理不力或崩溃,在富裕且稳定的城市社会里人性正在堕落,基

本的公共服务也很不充分……由于城市的政治控制……是从
83 当前已确立的城市社会转变为城市非法棚户区社会，而这种社会很少或根本没有一点儿城市居住地的传统……因此可以预计，基本的服务将会减少，直到它们最终崩溃瓦解。

表 7　失控的外围聚落

国家	城市	年份	城市人口（千人）	失控的聚落	
				总人口（千人）	占城市人口的比重(%)
非洲					
塞内加尔	达喀尔	1969	500	150	30
坦桑尼亚	达累斯萨拉姆	1967	273	98	36
赞比亚	卢萨卡	1967	194	53	27
亚洲					
中国	台北	1966	1 300	325	25
印度	加尔各答	1961	6 700	2 220	33
印度尼西亚	雅加达	1961	2 906	725	25
伊拉克	巴格达	1965	1 745	500	29
马来西亚	吉隆坡	1961	400	100	25
巴基斯坦	卡拉奇	1964	2 280	752	33
韩国	首尔	1970	440*	137*	30
新加坡	新加坡	1966	1 870	980	15
欧洲					
土耳其	总城市人口	1965	10 800	2 365	22
	安卡拉	1965	979	460	47
		1970	1 250	750	60
	伊兹密尔	1970	640	416	65

续表

国家	城市	年份	城市人口（千人）	失控的聚落	
				总人口（千人）	占城市人口的比重(%)
南北美洲					
巴西	里约热内卢	1947	2 050	400	20
		1957	2 940	650	22
		1961	3 326	900	27
	巴西利亚	1962	148	60	41
智利	圣地亚哥	1964	2 184	546	25
哥伦比亚	卡利	1964	813	243	30
	布韦那文图拉	1964	111	88	80
墨西哥	墨西哥城	1952	2 372	330	14
		1966	3 287	1 500	46
秘鲁	利马	1957	1 261	114	9
		1961	1 716	360	21
		1969	2 800	1 000	36
委内瑞拉	加拉加斯	1961	1 330	280	21
		1964	1 590	556	35
	马拉开波	1966	559	280	50

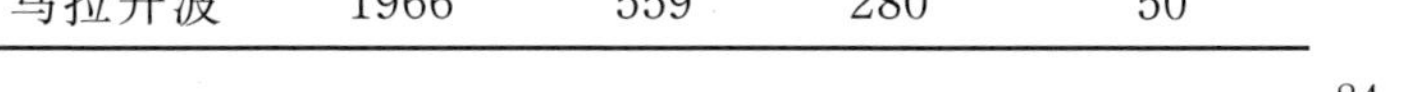

* 住宅单元。 84

资料来源：U. N. General Assembly, Housing, Building and Planning: Problems and Priorities in Human Settlements, Report of the Secretary-General, August 1970, Annex Ⅲ, p55。定义有所变化。其他细节在引用的原始资料中给出。

以上观点在学术上明显得到了一些学者的赞同，比如美国人类学家奥斯卡·刘易斯(Oscar Lewis)，他在20世纪50年代和60年代的研究中，描述了一种超越国界、区域、国家内部的城乡差别

的生活方式的亚文化。他把这种亚文化称为贫困的文化、贫民窟的文化、少数民族聚居区的文化、非法棚户区的文化。刘易斯指出，当这种亚文化出现的时候，处于这种文化中的人们在家庭结构、人际关系、消费习惯、价值体系以及时间导向等方面呈现出惊人的相似之处。

刘易斯的研究探查了很多关于贫困文化的特点，其中最主要的可以通过四个方面来描述：亚文化与更大的社会之间的关系；少数民族聚居区的本质；家庭的本质；个人的态度、价值观和性格构成。

刘易斯认为穷人对社会主流制度的脱离、非一体化是贫困文化的重要组成部分。它的起因在于贫困，但又是由种族隔离、歧视、恐惧、猜疑、冷漠等以及贫民区内可选择性的制度和程序等多种因素的综合作用而形成的。这些人们不加入工会或者政治团体，几乎不使用银行、医院、百货公司、博物馆等。在监狱、军队、公共福利体制这些大的社会机构中的参与活动也很少，因此贫困文化的特性很明显。

刘易斯认为处于贫困文化中的人们，创造的财富少，得到的回报也很少。长期的失业、非充分就业、微薄的薪水，以及财产、储蓄、家庭食物储备、长期的现金缺乏使得家庭和个人处于恶性循环状态。由于缺乏现金，贫民窟的所有者经常以高价购买少量的食
85 物。贫民区的经济很封闭，人们经常典当个人物品、借高利贷，邻里之间的非正式信贷交易频繁，多使用二手衣服和家具。

贫民区也存在中产阶级的价值意识。人们经常谈及并声称这些是自己价值意识的一部分。但总体来说他们并不依赖这些价值

意识。他们会认为通过法律、通过教堂或者两者兼而有之的婚姻是理想的婚姻,但是很少有人结婚。因为男士没有稳定的工作,没有财产,没有可能把自己的财产传给下一代,他们活着却对未来不抱有希望,他们要避免结婚或者离婚所涉及的花费和法律麻烦,自由的结合或者两愿婚姻就很好。对女性而言,她们会拒绝那些看起来不成熟或者不可靠的男士的求婚。她们认为两愿的结合会给她们带来一些男士才能拥有的自由和灵活。女性不给予孩子的父亲以丈夫的合法权利,这样女性就能够更好地拥有孩子。女性同样强调对自己的财产的排他性的权利。

刘易斯认为由于贫民区中的人们脱离大的社会,他们对主流阶级所信奉的基本制度怀有敌意,仇视警察、不信任当局政府及位居高层的人,对教堂嗤之以鼻。因此贫民区文化潜伏着反抗,促使旨在颠覆现有秩序的政治运动的发生。

由于居住条件恶劣和过度拥挤,贫民区文化所在的社区高度群居。但是刘易斯指出在这些不明的、扩散式的家庭中却几乎没有组织的存在。偶尔贫民区的居住者们会组成临时的非正式的群体。存在于贫民窟的邻里帮派被认为是很大的进步了。低组织性使得贫民区文化被边缘化,处在不平等的地位。

在刘易斯看来,处在贫民区文化中的家庭,并不珍视孩童时代并把它有意延长,也不把孩童时期看作应受保护的阶段。他们很早就介入到性。由于两愿婚姻的不稳定性,家庭一般是以母亲为
中心,与母亲的扩展家庭之间有着更密切的联系。女性作为一家 86
之主有着独裁的权利。尽管在口头上一再强调家庭的团结稳定性,但是同胞之间争夺有限的食物和母爱的冲突还是很激烈,几乎

无隐私可言。

在贫民区文化中长大的人有着很强的宿命论的观点，觉得自己是无助的，依赖性强，具有自卑感。这些性格特征在当代文学中的美国黑人的身上很突出。刘易斯认为，在世界其他地方的贫民窟居住者的身上这些性格特征同样很明显，虽然他们没有被作为明显的种族群体所隔离或者歧视。其他的性格特征还包括由于母性剥夺所导致的高频率的虚弱的自我架构、对于性别判别的困惑；强烈的现时感，很少考虑将来；对于各种心理痛苦的高度容忍。在这样的文化中，男性优越权得到广泛的传播，对男性而言最重要的就是要强调他们的男性气概和男性地位。

刘易斯指出，从行政区或者区域的范畴上来看，这些人没有什么历史意识，只知道周围的邻里以及自己的生活方式。通常来说，他们不具备知识、远见或者意识去发现他们自身和世界上其他地方类似的人的困顿的相似之处。刘易斯指出，这些人没有阶级的意识，尽管他们对于地位的象征确实很敏感。

刘易斯的观点受到当时一些学者的批判（Valentine，1968；Leacock，1971），这些学者对全世界正在出现的现象是另外一种解释：

> 在快速城市化的条件下，这些失控的新聚落发挥重要的功能性作用。

威廉·曼金（William Mangin，1967）指出非法棚户区代表着城市化、移民以及房屋短缺所综合引起的问题的一个解决方案。

尽管在发达国家和第三世界存在着“令人绝望的贫民窟”，这些贫民区确实有着刘易斯所列举的特征，但是很多研究表明所谓非法棚户区之间却有很大的特征差别。克利纳德（Clinard，1966）指出尽管一些非法棚户区是无组织的，但重要的是每一个非法棚户区都受到自身显著的亚文化的影响，这些对居住者的生活方式起着支配性的作用。聚落是如何形成的？是通过有组织的非法棚户区入侵、逐步的自然增长还是政府的启动？是否具有所有权或者是控制财产的意识？这些都是至关重要的。 87

约翰·特纳（John Turner）把过渡期的城市聚落划分为以下三种不同的经济水平：

1. 低收入桥头堡。为城市的新到来者所居住，他们没有过人的技术，得到并保住工作的需求压倒一切。现代化的生活标准对他们来说只占少数，交通可达是最重要的。因此，这些桥头堡一般都位于中心城区的衰落的旧屋，或者是在中心区的“令人绝望的贫民窟”，这里很贫穷，缺乏基本的服务。

2. 低收入联盟。当固定收入得到保障后，交通可达就不再显得如此重要了（通常是因为公共交通很便宜），尽管传统的房屋还是难以得到。家庭在购买生活必需品之外还有一些资金，这时候家庭倾向于在“有希望的”外围地带的非法棚户区寻找住所就变得很重要。大部分这种居住区是经过组织和规划的，经过居住者自身数年的努力，房屋的质量也得到了提高，这些地方能够对居民提供安身之所和安全，居民不会被强加那些中产阶级的对于房屋的特权。

> 3. 中等收入地位的寻求者。一些人在经济安全得到保障后，开始通过选择居住地来寻求社会地位——在里约热内卢，这些居住地靠近传统的高尚居住区。很看重房屋的质量，同时强调教育以及服务的质量。

因此，衰败的贫民居住区没有统一的形式，不同类型的居住区之间有很大的区别，亚文化也有显著的不同。正如联合国房屋、建筑与规划中心主任罗伯特·克鲁克斯(Robert J. Crooks)所指出的，非法棚户区最好叫做转型的城市聚落，它们体现了居住者为了改善生活条件而展示出来的令人瞩目的活力和灵巧。

对于转型聚落中的新移民经历，令保守的西方学者感到最困惑的变化是传统社会关系网络的作用，这些网络使得很多移民能够成功地进入到城市生活中来。正如我们前面指出的，在非洲，这些网络使得乡村生活方式融入城市。布鲁纳(E. M. Bruner)在对北苏门答腊岛的研究中指出：

> 城市巴塔克人生活的文化前景和文化之根都是在乡村社会……大多数的城市巴塔克人与居住在高地上的乡村居民的
> 88 联系要多于与非巴塔克人邻居的联系。

同样，珍妮特·阿布-卢格哈德(Janet Abu-Lughod)在对开罗的研究中总结到，匿名的、间接联系的、混乱的沃思模式没有被发现。艾伦·艾尔(L. Alan Eyre)把居住在蒙特歌(Montego)的棚户居住者描述为“发展世界中的贫困的郊区居民……向上努力的……勤奋的……节俭的……经常是保守而不是激进的”。

即使是加尔各答的大量的棚户区，科林·罗瑟（Colin Rosser）也认为它们对于城市化的总体进程起着六种重要的作用。它们以租赁的形式给最低收入群体在可承受的范围内提供住房；它们充当着移民的接待中心，为他们适应城市生活提供帮助；它们也给贫民窟中的人们提供在边缘的和小企业的多种多样的工作机会；它们帮助人们在接近工作单位的地方找到食宿地；它们的社会和公社组织能够为失业和遇到其他困难的人群提供基本的社会支持；最后，它们也鼓励和奖励在房地领域的小型私人企业。

传统的观点仍然支配着很多决策者的态度，他们对转型聚落抱有成见，认为它们是社会的畸变，是健康城市肌体的可怕的“瘤”。在很多情况下，政府对非法棚户区的居民进行驱逐，对贫民窟进行代价惨重的粗暴清除，造成低收入群体的可居住房屋减少。1963年，马尼拉内城的非法棚户区居民被驱赶到撒帕尼帕莱（Sapaney Palay）的乡村内部的未经规划的地区。最近，巴西政府对里约热内卢的贫民区进行清理，在清理的同时进行房屋的重建，造成了对稀缺公共资源的无效利用，这样做即使有提高也是收效甚微，对转型居住区的家庭来说很不公平。

这是由于公共住房计划往往尝试遵循更发达国家的模式。用最少的空间、按最低的物质标准建设完善的住房要优于占有。但这些标准相对于全部的需求和可得资源来说也是过于昂贵的。由于高昂的利息和维修费用，再加上每个家庭的很高的人均成本，这些房屋对于大部分贫民区居住者来说并非是一个现实的解决方案。即使租金足以返还投资，这些住房也超出了人们的支付能力，89

导致被废止的可能。关于房屋建前工程的最大的批判是它们仍超出了最需要住房帮助的群体的能力。居住在转型居住区的人往往是收入最低的人。通过低价建房方案进行重建的成功案例很少，其中之一可能是新加坡。1960 年成立的房屋与发展部在这个城市国家政府的福利社会主义制度的推动下解决了住房问题。

鉴于转型聚落具有自我改善的特点，联合国房屋、建筑与规划中心开始强调对于转型城市聚落的态度和重点转变的重要性，强调要从尝试解决转型城市棚户区的当前国家及国际政策和程序的规范上进行转变。最基本的政策和计划是接受对转型居住区的长期支持，以及对转型城市聚落未来发展充分的事先规划。房屋、建筑与规划中心强调，在很多情况下，转型城市聚落在城市或者国家层面上是对城市住房期货和固定资产投资有意义的实际或者潜在的补充。在快速城市化和转型居住区更快增长的条件下，通过移民和人口自然增长，不管有没有高价格的公共住房，大规模的清理行动只能加剧居住在这里的人们所遭遇的问题。因此，房屋、建筑与规划中心建议，对转型居住区要持积极支持的态度，政府应该采取行动，为这些区域提供城市设施和社区服务，在发展过程中本区居民通过自身的参与程度享有优先权。鉴于居住者对于自己所占有土地权利的安全性关注程度，中心建议应采取支持计划对这一问题给予高度优先考虑。由于推动转型居住区快速发展的力量还会继续，中心建议对转型居住区的增长进行事先规划，规划时要保持这些区域好的方面。中心指出对贫民区的清理是对受欢迎的投资资源的破坏，常常会导致对生活环境的纯粹性的破坏。政府和
90 国际组织必须发展和利用合法的行政体制，使得城市中规划的土

地在需求产生之前就能够得到，使开发成为可能。不仅仅要考虑把设施和社区服务延伸到这些区域，还要考虑与工作有关的交通和位置等其他关键性的因素。

城市经济对劳动力的吸纳

伴随着第三世界城市化，最让人感到棘手的问题产生了。尽管工业化在加速，城市中快速增长的劳动力却无法得到充分的就业（Friedmann and Sullivan，1972）。城市以高于自然增长至少一倍的速度在发展，通常是每年超过 5.0%（Davis，1969），但是工业就业的增长率为每年 4.4%（Turnham and Jaeger，1971）。大量的人力资源被小企业或者是私人服务业所吸纳，或者是失业。此外，城市投资的兴起往往会招致更多的城市移民。这些事实产生了以下结果：维持最低的“生存经济”（survival economy），城市传统亚文化进一步加强；防止大城市之外的发展扩散，以及主要大城市集聚区的不断增长开始出现。

城市经济结构

以上结果可以从城市经济结构的角度进行理解，它由三个独立的行业部门组成。个体企业部门由城市街区经济的失业工人组成，占城市劳动力的 25%—40%，包括城市居民的后代、城市的新移民、从其他行业失业的人、街头小贩、临时建筑工人、妓女和老鸨、职业乞丐和小偷小摸者等。这个行业的人基本上只能维持最低生活水准，会经常把自己的剩余与亲属分享。由于竞争激烈，这

个行业的收入只能维持最低的生活水平。城市经济的些许增长就会带来更多的移民，这使得个体企业的回报总是停留在最低水平
91 之上。大部分从事这一行业的人在桥头堡聚落区过着边缘的生活，或者露宿街头，在最恶劣的环境下过着穷困潦倒的生活。举个例子，在加尔各答，夜晚的人行道就成了公共寝室，到处都是老弱之人、妇女和小孩。加尔各答的穷人缺乏最基本的生活设施，既没有枕头、床垫，也没有毯子。衣衫褴褛，身体发出异味。黎明，在人们还没有醒来的时候，车子会把夜晚死去的人的尸体收走。

第三世界城市经济的第二种部门是传统杂货店类型的家庭企业。城市家庭企业的主要土地利用模式很混乱。家庭企业的劳动力占小商贸服务业和工厂的劳动力的 35%—45%。总的来说，传统的商品使用当地的原材料进行生产，缺乏质量和标准控制，主要提供给低收入的大众市场。生产依靠家庭成员（有亲属关系的群体），对他们来说最终结果也是一起分担贫困。由于竞争性的价格和劳动密集型的生产方式，回报大部分只能够维持家庭的生存需要。

第三种部门是公司，包括资本密集型的企业、政府和专门的行业。视城市和城镇的具体情况不同，这个部门的从业人员占城市就业的 15%—50%。经济单位规模很大，人们定时上下班，资本投资额巨大，技术水平和生产效率很高。在发达国家存在着连续不断的压力，要为类似的职业提供所有的临时补贴。进入这样的行业必须拥有教育文凭，供职于此意味着至少中产阶级的身份和地位。这一行业培养了社会上层的职业经理人精英队伍。奢华与贫困并存是第三世界城市的惊人特色之一。

麦吉（T. G. Mcgee，1967）指出，城市经济的这种结构是大多数第三世界国家作为殖民地的直接产物，或者是新殖民主义的经历。在最初与欧洲有接触的时候，早期的殖民地城市网络的设计 92
主要是为了帮助欧洲对本土贸易进行控制。西方的控制延伸到19世纪，创建了前所未有的广大城市和交通网络。但是殖民地城市在本质上还是很保守，在经济上从属于大都市和世界贸易。由于城市的居住人口很混杂，有很多外国人或者移民，因此文化、生活方式以及城市的流行物对于本土居民来说很陌生。职业和居住随着种族的不同存在着分异，社会分层也同样存在。欧洲人处在顶端，商业集团（通常是亚洲人）与当地接受西式教育的精英处于中层，本土移民人口处在最低层。大部分本土人口都是暂住性的，以年轻人、男性为主。即使到今天，麦吉认为，由于传统的殖民地在为大都市提供工业的原材料时经济结构过分专业化，第三世界国家仍然在工业化大国和他们的原材料来源地之间起着“首要连接”的作用。在某种意义上，他们仍具有移植的特征，与工业国之间的联系要比与第三世界的乡村之间的联系要紧密得多。

因此，差异随着城市的不同而存在。麦吉指出，东南亚地区的大都市如第三世界的其他地区的城市一样，已经成为新的世界范围的城市“超级文化”的一部分，联系着其他国家和综合性的经济、政治和知识生活中心。除了这些大都市之外，在省会城镇，生活仍然很传统，但是活动主要围绕着政府和商贸这两个制度综合体。省会城镇之间由于社会、政治结构的独裁性、等级性和集中性，新观念的传播很有限。

生存经济的维持

三大部门之间的劳动力市场的特定动力机制使得城市经济中的工人维持着基本的生存水平。举例来说，公司或者家庭企业的
93 任何增长，都会马上波及到个体经济。城市提供就业的可能性使得更多的新移民来到城市，激烈的竞争使得工资停留在最低的水平。为了提高工资，公司产业的大规模生产的扩展使得生产劣质商品的家庭企业被淘汰。公司产业的高效率意味着生产的增长要高于工作的增长，家庭企业的人会失去工作。这些结果可以从社会阶层或者城市的首位性看出。

传统亚文化的再加强

分担贫困因此而成为第三世界大部分城市的规则。一个重要的结果就是重申相互帮助网络的极端重要性，强调传统的家庭和部落义务。这也使得部落之间、种族之间和社会阶层之间的敌对状态在不断恶化。

在今天第三世界城市的社会结构中，西化的精英和智囊集团处在最上层，是令人羡慕的群体。处在其下的是来自不同种族的人群，他们在竞争中失去了工作，种族冲突变得愈发明显，部落意识在不断的增强。很多与之不同的中间集团已经或者正在快速的消失。除了这一新的社会分层之外，还出现了新的社会矛盾。一方面，在职场和专业领域接受过良好教育并取得个人成就的新的精英们面临不断向上的压力。另一方面，各种关系使得处在优势地位的人与处在劣势的同族人之间保持着连续的联系，在互利互

惠的基础上分享成果,导致城市中还保持着乡村的生活方式(Marris,1967)。新的阶级冲突来自于两方,当处在劣势的人不能够维持互利就会导致取得职业成就的人与其亲属集团之间产生矛盾。当对于福利的渴望比福利的绝对增长快得多时,这种矛盾就会出现。从新的精英中产生出来的政客们用华丽的辞藻来描述独立的好处,而这些好处并没有实现,导致城市工人对于工资需求方面的矛盾的产生,要求降低精英特权、创建无阶级社会的社会主义的压力在不断增强。一系列的政变和目前政府的独裁主义体制就 94
是对之进行的反击。

扩散与首位

让移民群体觉察到就业机会而加入到个体行业部门,从而把工资维持在生存水平,这样做产生的后果不仅仅是上文所讨论到的。要理解这些首先有必要了解发达国家城市增长过程中的某些特性,不同国家劳动力市场也有所不同。

以美国为例(对于西欧和其海外殖民统治地之间有同样的讨论),当工业城市化过程在进行的时候,东北部的制造业地带成为19世纪后期经济的主要驱动力,成为工业和国家市场的极核心脏地带,成为大范围国家服务业的焦点,成为响应国家最终需求的动力结构的新工业的发育地,成为人均收入水平最高的中心地带。这些核心区成为更外围的腹地发展的杠杆。北美和其他地区与内陆地区保持着联系以满足自身增长的生产需求,根据自身对于资源的需求和区域资源的赋存情况不断地刺激着这些内陆地区的发展。因此,内陆地区依赖于中心地区,并辐射全国。这些资源主导型的内陆地区专门从事资源生产和媒介输出，以满足中心地区大型制造业企业的生产需求。在内陆地区，资源赋存成为区域特定集聚优势和发展潜力的关键因素。

这些中心增长模式带来的是区域的高度专门化。专门化又决定着区域增长的内容和方向。国家对于区域资源的需求等外部客观条件决定着每个区域的经济增长。区域资源的特性、其可替代资源以及需求结构的变化因此在很大程度上就决定了区域增长的
95 性质和程度。这也扩展到通过出口业对次生行业的支持，如住房业、公共设施、零售、服务设施等。

城市新出现的体制在整个过程中起着重要的作用。城市成为一种手段，使得专业化的亚区域地区融入全国的经济网络。城市成为活动和创新的中心、交通网络的节点，良好的可达性使得这里的公司能够很容易获得本土化和城市化的规模经济优势。城市周围的农业企业变得更加有效率。大城市周围分布着前景看好的商业化的农业区，而大城市区域的那些可达性不好的外围地带的经济则是落后的，停留在生存状态。

空间组织包括两个重要的因素：城市体系，根据每个城市的承担的功能呈等级体系排列；受城市影响的相应区域或者是在这些体系中围绕着每一个城市的城市场。一般来说，城市的规模和功能与城市场的发展程度成正比。每一个主要区域围绕着大都市等级中心进行发展，把这些区域进行网络化的大都市间的网络联系开始出现。与大都市间的距离开始对经济增长的空间关联起作用。在大都市之间的那些可进入性不好的外围地带，经济一直比较落后。一些更小区域的连接由一些处在稍低等级的小的成功的

中心来承担,如小城市、城镇、乡村等。当交通条件改善后,这些处在最低水平的中心,在发挥最初的主要作用后将逐渐地衰退。

在这种条件下,改变经济和社会的推动力围绕三个方面在进行:从中心地带的大都市区域向区域内陆地区的国家层面上的“扩散效应”;从高等级的中心向低等级的中心进行“等级扩散”;从城市中心区向其周边地区的内陆式的扩散模式。在城市劳动力市场上已经发现了这一扩散机制的迹象。当长时间的增长能够保持时,高收入地区和中心地带的都市的经济扩张会出现劳动力短缺 96
和工资增长的现象。劳动密集型的工业会由于劳动力市场的价格过高而转移到小城市中心或者更外围的地带。这种“过滤”或者“垂滴”的重要性不仅体现在直接效应上,在间接效应上也是如此。对于实际收入和就业的诱发效应在低收入地区经常是很可观的,因为那里的价格增长得很慢,资本置换导致每个工人的产出变得越来越多。当繁盛能够得以保持时,高劳动生产率的产业转移到低收入的地区,而低薪的产业被迫转移到更小、更偏远的地区。

如果这一过程持续的时间很长,就会产生和维持一种城市体系,它包括几个大都市、大量的中等规模的城市,以及更多的小城镇,它们遍布于中心区域和内陆区域,在全国增长过程中分担职能并发挥作用。

有人认为这种城市“平衡”体系产生了城市的“等级规模分布”(Berry,1971)。齐普夫(G. K. Zipf)首先提出了“等级规模分布”,正如他所定义的那样,当城市的规模以降序排列,把城市在双对数纸的准备好的图表上进行描绘,一条轴是人口,另一条轴是等级,如果这些图形成一条直线那么等级规模分布就会出现。齐普夫认为这种直线关系反映了国家单元在政治上和经济上的成就。

当最大城市的人数超过建立在等级规模分布基础上所预期的人数时，"首位"情况就出现了。当人口超过 10 万的城市占有比直线关系所预期的更多的全部城市人口份额时，科林·克拉克(Colin Clark，1967)用另一个术语"寡头"来形容这种情况。与此同时，领头城市的"首位"不断地受到挑战。葡萄牙殖民体系就是一个惊人的例子。在这个殖民体系中，主要城市通过"首要联系"形成一个寡头的等级规模政体，而等级中地方水平上的功能中心

97 则形成了另一个(图 11)。

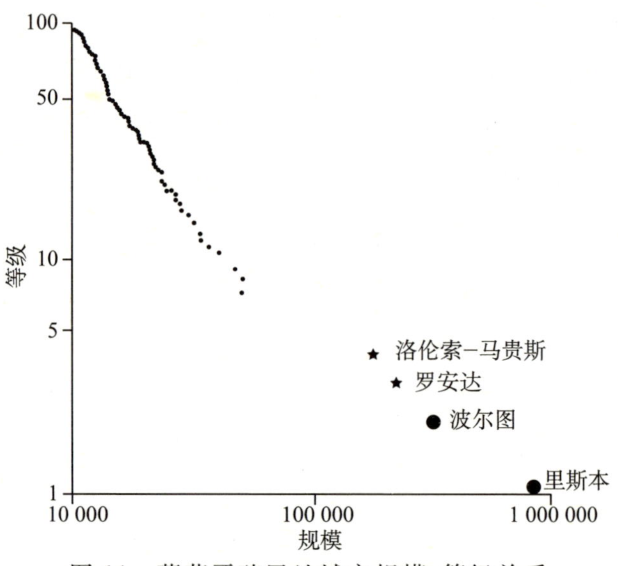

图 11　葡萄牙殖民地城市规模-等级关系

使用了最新的统计数据。

首位的概念很简单，首先由马克·杰斐逊(Mark Jefferson，1938)提出。他指出在任何地方"国家主义在首位城市中是很明确

的……卓越的……不仅仅是在规模上,在国家影响上也是如此。”他通过计算第二、第三等级城市与最大城市之间的规模比例来评估城市的首位度。但杰斐逊的论文一发表,齐普夫就将注意力转向对整个城市体系的研究。他认为任何“同质社会经济体系”达到“和谐均衡”状态时,等级规模分布就有可能出现。

在战后联合国教科文组织一系列的关于亚洲、远东,以及拉丁美洲的城市化会议上,一些人还就把两者合二为一以及指出路易斯·沃思(Louis Wirth)的社会学说的联系展开讨论。由于过多的移民进入以及殖民地类型经济的有限发展的叠加作用,就产生了以“首位城市”为特征的“二元经济”。“首位城市”对较小的城市
地区的发展会起到“瘫痪”的作用,会使其寄生于国家经济剩余物, 98
会产生疏远、混乱和社会无序状态。因此,偏离等级规模分布的例子被认为是伴随次发达国家经济的“过度城市化”出现的。

很明显,引号里的每一个词都代表着一种价值判断,但是这些也反映了首位城市的概念深深地扎根于很多人的头脑之中,这严重偏离了人们对于从等级规模规则衍生出来的等级组织的期望,带有明显的负面意义的内涵。

实际上,首位的原因很简单。增长集中在一些主要的城市,而不是在发展中把城市等级给过滤掉了,也不是在城市区域内把其影响向外扩散。因为城市经济的每一次增长会吸引更多的移民,用前面所叙述过的方式把工资维持在生存水平。不存在使增长分散的诱因。现代企业仍然集中于主要的城市。现代化影响着移民,但是在内地的小城镇和乡村仍保留着传统的生活方式。城市首位度增长,就意味着经济还在增长并且影响着更多的人。

规划的紧迫性

对于发展中国家的很多规划师和决策者来说，仍然担心大城市得“巨型症”，即使首位城市与其他地方的城市相比并不算大。这些担心从政府官员所表达的控制大城市的城市化过程和限制人口增长的想法中可见一斑。他们的理由是，如不加控制会产生以下的问题：失控的城市蔓延、交通堵塞、失业、犯罪、非法棚户区的激增、无法提供服务等，总体来说就是担心进一步的失控增长会降低生活水平。对于接受西方教育的规划师来说，还担心出现“规模不经济”以及首位城市的寄生性。

规划师们认为现有经济体制框架内的不断变化只会产生更
99 多、更糟糕的问题。必须改变城市体系的性质以克服持续的经济低增长率、出口导向、殖民地遗留问题，因为这些问题会限制大城市的现代化，使得过滤变得渺茫。越来越多的人认为发达国家的经验对于今天的第三世界来说是无关的，所以正在尝试激进的新规划方法。

有人认为，当发达国家开始现代化的经济增长的时候，在经济上是优于其他国家的，而今天的欠发达国家在经济上是最糟糕的。18 和 19 世纪时的贸易制度比今天宽松，有着更多的人口国际自由流动的机会，政治和经济的壁垒也比今天要少。在第三世界，作为现代经济增长产物的制度环境要先于增长的过程。打个比方，政治民主制度常常排除为了增长的目的而对无产阶级的剥削，这是在西方初始增长阶段的一个很普遍的现象。一些福利措施，像最低工资、规定工作时间、禁止雇佣童工等,在某种方面都是些不利于西方资本主义早期阶段式的经济发展制度。欠发达国家与高度发达国家共同存在,发达国家有快捷的交通运输方式,这些使得欠发达国家的人们能够模仿发达国家的消费方式。这种"示范效应"是非对称的,比如说,它是对消费模式而不是对投资和储蓄模式起示范作用,这样就把资源从投资领域分散到了炫耀性消费或者其他类型的消费上。相应的"派生性发展"项目使得投资结构偏向于炫耀性或者庞大的而不是富有成果的项目。基于这些原因,第三世界规划正在尝试采取其他方式来提供"平衡"的城市分配,而在"正常"的增长过程中这种分配是不会产生的。

比如,许多令人吃惊的新制度正在尝试通过投资激励计划、增长极策略、区域发展方案等类似的措施来促进城市的分散。在印度尼西亚,大城市的快速增长受到了挑战,雅加达发布了居住许可制度,要求新移民必须具有住宿许可证和工作。新来的人需要向城市政府交纳相当于 6 个月的返回居住地的押金。有人声称此举 100
减少了 50%左右的移民,但是没有被证实。然而一旦类似的成功之道被宣称,就会使得其他的领导人和规划者去尝试运用类似的激进方法来解决被察觉到的城市问题。

规划因此而成了国家、区域和城市的制度。但是在 1972 年的关于第三世界城市发展努力的调查中,美国国际发展公司的报告指出,大多数国家发展规划总是一如既往地对城市发展以象征性的关注。在某种程度上,对于城市的考虑被混淆了,注意力主要集中于住房并以房地产业的名义来进行表达。在一些地方,如新加坡和巴西,通过国家部门规划来解决住房困难从而获得重要的收入。这些基于城市发展目的的国家规划的案例突破了狭隘的方法，因而受到瞩目并具有开创意义。在国家尺度上，有土耳其的基础设施发展优先权和马来西亚的通过城市发展和城市化进行全力以赴的社会重建规划。在中等尺度上，有巴西的长期专注于国家政治、社会和经济的整合。在区域尺度上，有哥伦比亚的以减少前往大城市人流和刺激发展为目的的城市产业部门计划。

巴西从来没有形成国家层面上的规划项目。然而在过去的几年里，已经出现了大量的独立成果，从试图创造增长机会的意义上说，每项计划都是卓有成效的。例如把国家首都从海滨的里约热内卢转向内地的巴西利亚，井喷式地发展了南部 100 多个新城镇；鼓励通过基础设施和投资激励来发展大范围增长极项目，从而刺激东北部的发展，起到阻止人口的快速流出的作用；建设横穿亚马孙河的高速公路，使得该地区向外开放并刺激沿线战略性城市增长中心发展。

哥伦比亚正在尝试一个更加系统的综合性的国家计划，专门
101 鼓励中等规模城市发展，使它们成为主要人口中心的反磁场。

马来西亚在第一个国家发展五年规划中提出了综合计划。该规划优先发展城市，把城乡移民看做是基于重建社会目的从而满足更大需求和把更多的马来人带入经济主流的一种手段。这是一个促进基础性快速社会变化的巨大尝试。为了帮助协调和贯彻新规划中的城市化内容，在总理办公室新成立了城市发展局；总理办公室其他部门也积极参与到规划的实施中。无论是总体规划还是如此高层次的城市发展协调贯彻机构都是前所未有的。

区域规划和发展目标是作为许多国家发展规划的新组成部分

出现的(例如巴西、哥伦比亚、智利、象牙海岸、摩洛哥、肯尼亚、尼日利亚、土耳其、印度、泰国和韩国的区域规划),这些规划在其他一些国家正在被激烈讨论着(如巴拿马、斯里兰卡、印度尼西亚和巴基斯坦)。

然而,尽管有了这些关注和尝试,区域规划对很多人来说很复杂。区域规划和发展中的很多行动是尝试性和实验性的。在许多国家,区域规划在零星地进行,目的是为了鼓励落后地区的发展,比如巴西的东北部和泰国的北部。类似地,土耳其的区域发展的强烈想法是与获得更"平衡"的发展愿望相联系的,这些愿望是为了刺激南部特别是东部的发展。它包括尝试发展大城市的反磁场的想法,也就是说,鼓励2—10万规模等级的城市发展。实施了产业税务减免、专门分期偿还、免除公司收入法等激励措施;还增加了职业薪水,一些地方性大学的雏形也开始形成。实际上,这种区域规划超过了目前土耳其的国家规划的发展。

在区域规划中,区域发展的增长中心和增长极的概念可能是被应用得最普遍的。国家规划框架内的关于此点的最典型的例子 102
当属哥伦比亚。为了进行规划,国家被分为四个主要的经济区,每一个经济区都把一个主要城市作为增长极:大西洋海岸的巴兰基利亚,西南的卡利,西北的麦德林和中部的波哥大。肯尼亚也有一个融合了增长极概念的区域实体发展规划。印度尼西亚的规划师意识到区域规划影响着城市发展,这些影响包括确定经济区功能、识别区域内的增长极、评价这些城市在区域和亚区域内的实际或潜在作用。

新城规划是增长中心规划的一部分,在发展中国家有很多这样的案例。例如，在巴西，为了建设位于内陆地区的新首都巴西利亚，人们付出了艰苦的努力；在象牙海岸，实施了将新乡村社区与班达玛河谷连接起来的项目。在中等尺度上采取的是建设卫星城的方法，在主要城市中心的外围地带建设新城，有的是卧城，有的是工业区，有的是具有工业、商业和居住功能的综合体。

稅收作为相关的地方化的手段，很快被普遍使用。在巴西、哥伦比亚、土耳其、象牙海岸、泰国、印度尼西亚和马来西亚都有这样的例子。在巴西东北部，用税收和基础设施的激励措施来进行特殊增长点的商业布局就是一个很好的例子。据说如果对东北部所有投资利润的50%免除税收，商业投资就会流向指定的增长中心。政府也会进一步通过创建物资性的基础设施来鼓励发展。以上措施是为了促进那些被认为有增长潜力的落后地区的发展，已崛起的城市如萨尔瓦多、累西腓没有被列入计划之内，激励性的措施也没有在这两个城市实施。然而，投资并没有像区域规划所设想的那样流向指定的增长点；相反，投资集中于在累西腓、萨尔瓦多的周边区域。这说明了税收激励对于定位决策的有效性，以及
103 主要大都市中心对于工业和商业的强烈拉动作用。

鉴于此，另一个可供选择的方案也在考虑之中。凭借这一方案，将在累西腓、萨尔瓦多周边的同心圆区域实施税收激励政策。希望这一变化能够有助于最初政策目标的实现，也就是说，通过落后区域的发展来很好地解决东北部长期以来的人口迁出问题。

地区发展规划比区域增长中心规划的层次要低一些，但也是区域规划的组成部分。地区规划在科特迪瓦、肯尼亚、摩洛哥、马来西亚、印度尼西亚和其他地区都有。由于地处更边远的地区，地

区规划专注于专门项目或者重新选定居住区。方法在本质上很注重物质形态,重视基础设施。通常情况下,建立专门的开发部门或者半公有化的公司来对地区规划和发展进行监督。

科特迪瓦的班达玛流域管理局(BVA)[①]就是一个很好的联合体的例子。与美国的田纳西流域管理局(TVA)相似,该局的设立意在监督管理一座大坝和人工湖及与之相配套的涉及720平方英里范围内7万人口、100个村庄和聚落的工程项目的开发和建设。

巴厘岛(省)的实体规划就是一个更综合尺度上的地区规划。由于巴厘岛的功能早已经很明确(旅游和少数民族文化),印度尼西亚政府在邓巴萨建立了一个由中央帮助的地区规划,这一做法可能会对国内其他地区起到示范作用。巴厘岛实体规划,包括城市和乡村地区,完成于1971年。

在绝大多数发展中国家,市域规划长期以来已经以多种形式被应用。在高度集中化的国家政府结构内进行市域规划,由于受到陈旧法律法规的限制,很多都没有国家政策的优惠或者预算优先权。这些规划一开始都被寄予很大的期望,但是通常都不会实现。城市规划的很多问题来自于占主导地位的实体规划方法。由于专家主要是工程师和建筑师,这种规划往往对城市发展的经济、社会、法律、环境、政治和制度的处理很肤浅。通常不包括城市与腹地之间的发展交互作用以及城市之间的联系。这一规划方法通
常过于偏向的部门或项目(如排污总规、交通规划或专门的住房项 104
目),不考虑对城市体系内的其他因素的影响或者关系。大多数的

① 原文误作AVB。——译者

资本投资项目也是如此。

城市规划没有留下令人印象深刻的记录。据有关方面统计，在第三世界那些费钱、耗时、静态、通常由国外规划师完成的传统总体规划，并不是基于城市发展的方法下编制的。很多方案如现代城市项目、城市复兴、西式的城市快速路和高速公路环路、“城市美化”规划方法、新城分散计划等，都是迥异的观念。这些通过规划获得的解决城市问题的答案往往在没有发表之前就已经变得跟不上时代了。比如，吉隆坡的城市总体规划于 1965 年开始编制，数据用的是 1964 年的，完成于 1969 年，在 1970 年发表。曼谷的城市总体规划是 20 年前完成的，10 年后进行修编，从来没有被承认或者实施过。

尽管上面列出了一些现在被视为是激进的答案，第三世界绝大多数城市规划工作的特点是缺乏有效规划的决心，规划工作通常不过是政治的烟幕弹罢了。很多的城市化政策是无意识、片面、缺乏协调和负面的（Dotson，1972）。说它无意识是因为实施政策的人在很大程度上对其比例和特点不了解；说它片面是因为那些被政府用来管理城市和引导其发展轨道和方向的方法实际上几乎没有被利用；说它缺乏协调是因为国家规划总是趋向经济方面，城市规划总是趋向于物质形态方面，这种分裂常常会导致竞争机制的发生；说它负面是因为规划师的意识形态的观点使得他们偏离、延缓或者阻止城市增长，特别是阻碍大城市和首位城市的扩展。

在其他地方，如奉行毛泽东思想的中国，反城市的意识同样很明显（Lewis，1971）。这些有着明显的中国历史根源，如中国共产党及其 1949 年以前夺取政权的历史，控制和形成了几乎中国所有的大城市的那些通商口岸殖民主义者们主宰中国的现代史。这些城市还曾是中国资产阶级的家园。资产阶级被认为会受到过去的 105
影响,有可能在现在或者将来返回故里,所以他们一直被疏远。因此中国大城市的发展被有意识地进行控制,控制的政策是前所未有的,这些政策限制了大城市的规模,使得产业投资流向原先偏远或者落后区域的新城市、小城市,或者乡村区域。这些地方的工业尽可能的自给自足,不会出现大城市所具有的道德缺失、人与人之间不友好等特征,不会对环境产生破坏。城市居民,尤其是白领,不论其地位如何,必须每年花一个月左右的时间从事乡村地区的生产性的体力劳动,在那里获得“自我改造”的价值。脑力劳动和体力劳动的差别、城乡差别、“专家”或官员与农民和工人的差别都被消除了。工业化和现代化的好处和经验遍及全国,影响到每个人。避免了城市过度集中的引起的破坏性、不人道、腐败等问题。

第三世界边缘区国家城市规划的两个案例

基于毛泽东思想进行中国重建的关键在于规划的愿望、明确的目标以及中央政府的力量。在世界上还有其他的两个例子,以色列和南非。这两个地方把三个先决条件结合起来产生了富有成效但是却引起争议的推进城市发展的国家规划。在这两个国家,西方社会与第三世界文化并存,制定、实施并实现了明确的目标。由于这个原因,这两个国家引起了人们的兴趣,这不仅仅是因为规划努力的有效性,还因为在目标的制定中使用了社会理论,以及这两个案例中城市化性质产生了变化。

以色列："平衡"型城市体系的国家规划

以色列的国家城市化政策是1948年以色列建国以后制定的(Shachar,1971)。在这之前，犹太复国主义意识形态盛行，城市顶多被看做是必不可少之万恶之源(Cohen,1970)。人们认为公社
106 或合作社农业可以提供国家生存之需，城市在功能上并不重要。

但是新移民者的选择掩盖了这一意识形态。到1948年，3/4的巴勒斯坦犹太人生活在城市——这些人大部分只集中在三个城市。至少43.2%的国家人口生活在首位城市——特拉维夫。特拉维夫的工业生产、商业企业和文化活动所占的比例高于平均水平。

在国家独立后，大量的移民涌进这个新国家，他们有的是有技术的欧洲城市居民，有的是来自中东地区的城市和乡村的回迁居民。要避免首位城市和其他城市之间出现深刻的社会—经济差异、避免非法棚户区增加，把这些移民吸纳进城市并把传统的他们改造成现代化的人至关重要。因此，在以色列刚刚独立后，除了吸纳移民之外，新国家规划局就制定了国家城市化政策的五个目标：在人口稀疏区域建立定居点防止区域"不平衡"增长；基于战略考虑，占领边境地区，形成国家势力；开放"资源边境区"，特别是南部的沙漠地带；通过限制特拉维夫及其周围城市的集中性来改变城市体系的首位结构，建设"缺失"的中等规模城镇；促进各区域建立完整的城镇等级体系，以此建立一体化的区域聚落体系。

阻止特拉维夫增长的目标来自于反城市的犹太复国主义意识形态，还有基于国家建设的考虑，规划师必须更加强调社会价值而

不是经济效率。基本的经济动机，如经济增长率最大化，并不是首要的目标，国家主权和安全才是最重要的。

为了实现第四和第五个目标，规划是建立在中心地的理论上的，这一理论是克里斯泰勒(Walter Christaller)提出的关于城市等级体系的经典概念。作为规划师之一，格利克森(A. Clickson)在其同事布吕兹克斯(E. Brutzkus)的报告中陈述了以色列的目标：

> 至少有两个以色列……一个代表在三大城市及其周围的
> 过分集中化，另一个代表为了实现自给自足的小村庄，这些村 107
> 庄存在社会、制度甚至是经济的分散的极端潮流。

规划师决定把城市等级体系中缺失的中等城市建立起来。聚落按照规模分为五组(Brutzkus，1964)：500人左右的基本农业单元或者村庄；服务于4—6个周围村庄并为之提供农业服务的乡村中心；人口在6 000—12 000并服务于10个村庄的城乡中心；人口在15 000—60 000的中等规模的城镇，是整个地区的中心(全国的人口区域被划分为24个区)；超过10万人口的国家中心。“缺失的城镇”是指缺少中间的三个种类。

在1948年到1968年间，建立了450个新的乡村居民点和34个发展中城镇。到1970年，新发展城镇的人口占以色列城市人口的21.3%。

土地公有是取得这些成就的一个重要潜因。至少有92%的土地被以色列土地局所控制(现有主要大城市和沿海平原存在着平衡，其发展受到强有力的《1966年规划和建筑法》的控制）。任何土地的主人都没有权利对自己的土地进行开发，除非官方的规划给予了这样的权利。这些规定使发展城镇的物质规划变得简单多了，因为土地管理者不会受到与土地所有、房地产权利或者房租支付等相关问题的困扰。在这种背景下，诱发城市化过程的基础性的手段有两个，分别是公共住房和就业机会提供。在发展中城镇新建房屋是按照固定年配额来建设的。城市的新移民在经历了最初阶段城市公民身份的适应后，被加速融合到犹太国家中，他们可以直接到这些房屋中居住。在最初的三年间，房租的补助很高。物质规划师们也在新城镇中建设基础设施。直接公共投资或者财政激励政策吸引了私人投资（包括若干年的税费免除），创造了工作机会。职业培训建设了人力资源队伍。由于以上原因，发展中城镇的工业占以色列过去10年全部投资的35%—45%。

到1970年，特拉维夫的人口降到全国人口的1/3，首位城市
108 规模分布已经变成了等级规模分布。另一方面，可能是由于有效的交通和国家规模较小，那些发展中城镇并没有像原先期望的那样产生出紧密型的地方城市-区域联系。有人抱怨在这些发展中城镇，非欧洲人口的比重和失业率要高于以色列其他地方，欧洲背景的犹太人仍然集中在主要城市，集中于社会上层，从事着较好的职业。由于政府对发展中城镇的服务不提供补贴，那里的生活舒适性降低了，有很多人不断从那里搬到了大城市。

尽管这些限制了区域一体化的目标，但在1948年后编制国家城市体系规划的25年里，以色列成功地实现了大部分目标，这些已经被大家所承认（Shachar，1971）。受以色列经验的启示，1971

年另一个以色列的区域规划师布吕兹克斯在雷霍沃特举行的(Rehovot)的发展中国家城市化大会上指出，第三世界其他地区实施类似的“分散城市化”会得到切实的好处：

> 在社会和文化方面，同整齐划一的“现代化”和世界性的城市联合体的文明情况相比，分散的城市化使得不可避免的传统社会转型变得不再那么的生硬和痛苦……在绝大多数发展中国家，与大都市集中化相伴而来的社会和个人的限制与痛苦，与所谓的不顾国家收入的更快速的增长需要相比，不能简单地视为小小麻烦。在多数情况下，应该采取支持分散的城市化模式的政策。

南非：通过种族隔离的控制

当以色列运用综合的社会经济和平衡的城市网络来寻求解决首位城市和大规模的人口迁入引起的不适应问题时，南非运用的却是隔离和控制政策，也就是种族隔离政策。当然，两个国家有着不同的背景。南非是一个受欧洲文化影响的地方，欧洲人很多，这
里还居住着本土的部落居民，他们大多数使用班图语。当今世界 109
在发达国家和第三世界之间形成了分界线，南非横跨了这一分界线(Fair，1969)。

这些可以追溯到欧洲殖民地扩张时代，那时候永久性的南非白人和英格兰人居住区得到了很好的发展，在面积广大但很贫困的传统非洲人居住地出现了“岛屿”般的高级经济活动区，形成了

传统的二元经济。1970 年，南非总人口 2 140 万，其中白人 380 万，有色人种 200 万，亚洲人 60 万，班图人 1 500 万。

对白人来说，政治权力的分享是要被逐出教门。很多英国人受到了卢格德(Lugard)在《二元托管》(*Dual Mandate*, 1920)一文中描述的殖民传统的教育。南非白人长期以来就提出隔离政策，《1856 年德兰士瓦省宪法》(南非共和国)就是一例。因此，当国大党 1948 年当权的时候，很多英国人同样很高兴地看到了坚定的种族政策的发展：对不同人种的社会、居住、产业以及政治进行隔离，以保护白人的安全(他们不会将权力放弃给占人口绝大多数的非白人)。这些导致了在各个班图人自治省的政治发展的分散化。通过移民和班图人的现代化在南非发展一个多种族的社区遭到了抵制。相反，南非在领土上被划分为 1 个白人省和 9 个班图省，白人省拥有主要城市区和欧洲农垦区域，9 个班图省还处在通往独立之路的不同阶段。

正如戴维斯(R. J. Davis)所指出的，种族隔离政策来源于一种清晰的社会理论。在 20 世纪前 50 年，北美洲的“熔炉”理论指出，共同的经历和合作奠定了移民群体发展和同化的基础。而许多南非人提出了摩擦理论，该理论认为人与人之间的生理的、社会的、文化的和经济的差别是不相容的，导致在交往中存在摩擦，只有把交往的次数降低到最低才能够保证不同群体之间保持着融洽
110 的关系，在城市更是如此。这导致出现了很多共存的镶嵌社会圈，彼此之间没有联系。我们注意到这也是近些年来美国的实际情况。

87%的白人住在城镇中，包括很多以前贫困的南非白人，其次

是在亚洲人、有色人种和黑人之前来到城市的英国人,他们是国大党最重要的支持者。1936年城市中有136万白人、40万有色人、52万亚洲人、124万班图人;到了1970年,城市面积没有变化,白人增加到了330万,有色人150万,亚洲人54万,班图人499万。非白人现在占城市总人口的2/3。这种变化意味着对南非白人构成了威胁,他们加速了阻止多种族社会成长的政府行动。非白人在白人区没有政治权力。通过有色障碍立法,报酬高的技术性工作被白人拥有(图12)。班图人在白人区域的长期身份被否认。迁入控制限制了班图人进入到需要雇佣者的工业和服务业。城市的居民区被隔离。

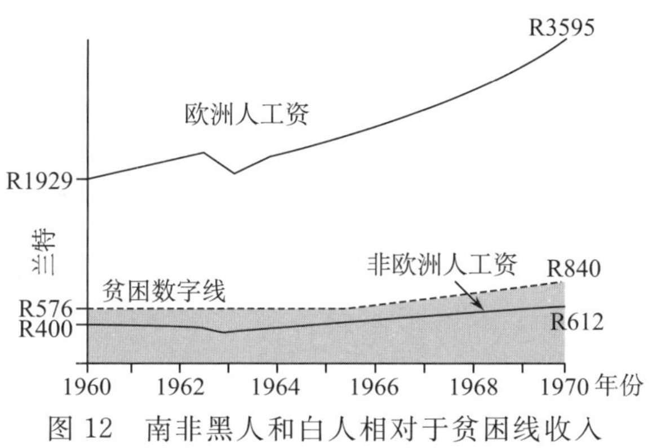

图12　南非黑人和白人相对于贫困线收入

迁入控制在第二次世界大战后被认真地执行了。班图工人在战后涌入到外围的非法棚户区,或者是涌入到工厂临时居住区。
连续的措施被用来加强迁入控制。到1957年,移民基本原则被固 111
定下来,只有出生在城市并在那里生活、连续10年都有工作、合法的居住在城市15年并没有离开的班图人,才有权在城市长期居住。这些措施的制定是为了防止大型的、长期的班图城市社区的建立，同时使得城市不断发展的工业所需的廉价劳动力能够长期得到供给。

到 1964 年，这些措施进一步得到了加强，所有白人区的班图人都被当成临时居民，他们的永久家在班图“家园”，当班图人失业的时候或者有人不希望他们出现时，他们就得被迫回到那里。这样一来，班图人被一种其他地方没有的方式限制着迁移到城市。

在城市中，不同的种族集团被隔离，使得城市种族间的均衡系统发生了根本的转变。1958 年，估计 50%的有色人、50%的印第安人、67%的班图人和 20%的白人因完全的种族隔离需要而迁移。到 1970 年，这种种族隔离大转变基本上实现。种族隔离的城市分布着统一的群体区域，里面避免种族“岛屿”的出现。通过自然的或者是人工的屏障把不同的群体分开以提供“保护”。修建直接通往工作区的通道，沿线尽可能不经过其他群体区域上的通道。非白人区一般坐落在靠近主要工业区的地方，呈扇形朝向本地人的家乡分布，对大城市区域造成影响，如在比勒陀利亚和德班。

在城市中班图人没有土地所有权。通过贫民窟清除和重建房屋计划，班图的贫民区得到了改建，新的班图居住区分布在白人城市的外围地带。唯一的例外是每个白人家庭中可以有一个班图仆人居住，城市中心公寓楼里的仆人住在被称为“空中保留地”的屋顶。1970 年在环绕约翰内斯堡的威沃特斯兰德都市区，索韦托（西南本土镇区）居住着超过 50 万的班图人，一排排相同的房屋在
112 物质方面要好于先前的班图贫民窟。为了保护部落组织，这些房屋都以群体来进行安排（Holzner，1971）。在德班，印第安人被迫从他们的更合意的居住区中搬出，取而代之的是欧洲人。在一个

有着25万亚洲人口的区中，到1975年，超过60%的人重新寻找住处。在开普敦，超过10万的有色人口从中心城中迁出，重新在不太合意的开普敦公寓中居住。目前的规划需要在麦马建设一个独立的有色人口城市，位置在开普敦北部50公里，规划到20世纪末拥有80万人口。

种族隔离的重点在于把九个“班图斯坦”看成是附属的黑人国。它们被设想成独立自治的永久性家园。人们为了寻找工作从这里迁移到城里做工人而不是在城市定居，他们实际上是受到严格控制的“种族保留地”。对于南非白人区域规划者来说，城市分散或者“增长中心”政策意味着给产业以很多的激励，使之坐落于黑人家园与白人区域的边界地区。这样一来，班图劳动力就可以在家乡生活而在白人的工厂里工作，以解决大城市的一个长久以来的尴尬问题——既能够满足工业雇佣工人的需要又能够使种族隔离政策得以维持。这样一个重要的工业联合体就在比勒陀利亚和与其相邻的劳动力储备区洛色林出现了，在德班也同样有这样的安排。当边界定位不可行的时候，如在奥兰治自由邦的金矿和非洲西南的钻石矿（纳米比亚），黑人男性工人居住在集体宿舍里，以种族和宗族来进行隔离，以帮助年长的男性对年轻人进行传统的社会控制。

今天，在世界上其他地方正在发生的城市化和现代化是同时进行的，而在南非，却通过制定这些政策把两个进程有意识地分开，并且这些政策被证明是有效的。正常的移民机制已经被打破，主要黑人群体在参与到南非社会时受到控制，临时劳动力移民机制被延长了，大多数人被迫来到城市，又被城市隔离。激励机制已经使得产业定位转向“增长中心”，欧洲人区域的发展类似于西方 113

模式，只受英式城镇规划公共部门的检查。这一高于一切的成就是通过强制运用警察力量和思想控制——如学校的课程设置、教科书、广播新闻等来实现的。1972年6月24日，在针对关于强加给学校的“重新解释”南非历史的教科书的公开辩论，《兰德每日邮报》绝望地说道：

> 为什么会批准这样的一本书给孩子们看？答案就在于存在一种国家的驱动力，通过把南非人民的思维按照预定的模式来进行规范，以使得规则在全国得以保留。白人必须对有着不同肤色、不同哲学观、不同政见的所有南非人怀有恐惧。与基督国家教育的基本原则相一致，即使是白人自己，当他们在临时防御阵营中保持一致的时候，也必须留在隔离的英国和南非白人阵营内。对于非洲人、有色人和印第安人也是不言而喻的：他们必须知道自己生活的有限空间。这是我们所处环境的痛苦和现实。

但是这一现实会保持多久令人疑惑。大众会被迫处于从属的
114 不平等地位又会有多久呢？

第四章　为新的城市实体规划：战后欧洲经验

工业城市化在英国和临近的西北欧较北美来得更早。早在1843年，英国人罗伯特·沃恩(Robert Vaughan)就声称："我们已处于大城市时代"。从1801年到1911年，英国全国人口增长中的94%是在城市化地区。城市增长的1/3归功于来自农村地区的大量移民(Lawton，1972)。然而，在东到斯拉夫文化区域，南到地中海地区，工业化相对落后。古老的城市形态一直保持到现在。的确，在整个欧洲，我们能通过社会结构的变迁和早期遗存下来的城市遗产来感受到工业城市化的影响。结果表明，它(指工业城市化)对人类产生的影响与北美的情况有很大不同。反过来，在二战后西方城市化过程中，当公共政策开始塑造广受欢迎的城市未来时，这些影响又产生了一个重大转折点。正是在欧洲，第三世界国家所期望的审慎的城市化(deliberate urbanisation)策略得到发展并有最大的成效。

城 市 遗 产

在最近的1/4个世纪里，在我们开始试图规划新城市形态和社会结构之前，有必要先回顾一下发生在欧洲不同背景下的现代城市化，因为就是这些以前的城市遗产使得规划师有不同追求目标。

利希滕伯格(Lichtenberger，1970)认为，根据形态和结构等不同决定性因素，至少能够将欧洲的历史性城市划分为四种类型：中世纪封建领地国家的市民城市、专制国家专为享乐而建的贵族城
115 市、自由放任时期的工业城市、社会福利国家和社会主义制度下的新城。而且在后来的案例中，她也指出了东欧和西欧之间的主要不同之处。不论这种分类正确与否，它确实指出了许多美国城市景观中所缺少的形态，并且使得对欧洲遗存下来的城市模式和社会生态范围、城市中公众参与的不同传统(包括长期关心城市设计以及不同的民房建筑和住房偏好)的细察变得至关重要。下面逐一进行讨论。

城市模式和社会结构

欧洲城市的实体骨架，很少像大多数北美城市那样，要表现经济力量而采用呆板的方格网。即使现在的主要活动中心和地标都反映了早期的宗教价值观，比如大教堂、礼拜堂、修道院，或者是政治机构；再如中世纪自治城市的市政厅，巴洛克时期的王宫，或者是社会主义国家的文化中心。直到20世纪以前，很少有像公司总部、银行等经济机构和金融机构能在欧洲城市结构中占据中心位置。

按照北美的标准，大部分欧洲城市的街道形式也表现为复杂的拼贴，只有通过费力的城镇规划分析才能很好地理解。在很多

案例中，始于老城门的长距离放射性道路奠定了中世纪城镇的基本骨架，后来这些基本骨架逐渐被尊重早期农村聚落形式和田野边界的开发商所填充。在巴洛克时期很流行的林荫道，并不总有很好的平面构图。它们有些是适应更老的街道形式，有些是适应纪念性建筑物，它们有时也会在农村以尽端路的形式终止。然而，在许多欧洲城市里，它们的确为城市景观增添了新的辐射状元素。在19世纪，替代中世纪的要塞的林荫大道更多的是一条环路。

广场(Plaza)是欧洲城市中一种重要的开放空间。回溯到中世纪的市场，无论在哪里，它们都是城市活动的节点。传统的城市中心通过许多次的变迁，仍保留了它们的吸引力，以适应新的经济 116
环境。

从古典时期到现代，城墙和护城河也是城市存在的表现形式。城门作为关卡既能服务于人和物的流通，也能作为收税站。要塞已不再具有军事重要性了，而是逐渐成为城郊之间社会经济障碍。更高的社会地位和不同的经济活动把城市市民和郊区居民区分开了，从中心到边缘，社会地位和财富逐渐递减是普遍的。在20世纪，这样的城市在欧洲大陆比在英国保留得更多。

纵观欧洲城市发展史，天际线由规划严格控制，这可以追溯到中世纪的防火管理。1795年的巴黎，建筑高度控制为20米以内。在19世纪期间，这种做法被其他欧洲大城市所效仿。圣保罗大教堂的天际线在伦敦仍是居于支配地位。因此，钢筋和混凝土技术并没有像北美那样改变城市中心区的面貌。尽管巴黎和伦敦在管理法规方面的改变会对古典街景产生灾难性效应而受到广泛谴责，但最近摩天大楼的建设还是得到特别控制。这些限制的后果不应被低估。中央商务区(CBD)的土地最高价值受到抑制,而不像北美那样土地价值反映在办公楼和其他高层建筑物的价值里。核心区的发展只能以不同的方式进行。因而,城墙内的老城——在工业化时代城市扩展之前就已经存在的城区——成为城市的核心,这里集中了城市的行政、金融、商业、文化和娱乐等设施。内城还受到城墙的限制,就像在英格兰的约克和坎特伯雷和德国的纽伦堡;或者经常受到代替城墙的环状林荫道的限制,而最近允许环绕这些城墙建设现代化的摩天大楼。

117 古典的工业化前的欧洲城市还有一个与众不同的社会空间结构。首先,在城市增长的过程中,第一次将郊区、村庄和小城镇并入城市地区。在合并的密集的建成区内,它们保持了清晰的社会经济特征,保留了它们自己的地标和商业街。地方精神(local spirit)反映在居民对自己的住所的认同上。在19世纪下半叶,考虑到社会—经济的特性,现代行政机构经常将几个这样的单元合并到一个区内。在城市边缘外围的类城市社区(city-like community)也被合并而变成了城区。这样的城区不仅保留有独特的社会意象,而且有它们自己的机构和零售中心。

成拱形的城区结构是早期提到的城市模式,根据科尔(J. G. Kohl,1841)的说法,城市模式可以看成是一系列的"层"(layers),如图13所示:(1)地面层由商人的公司和住所组成;(2)第二层属于贵族的"财富和娱乐区";(3)3—5层以上及地下层(a和b),都是低收入居民的住所。科尔说,这些层可转译成拱形的社会结构,使得人的经济和社会的重要性随着离城市中心的距离越远而趋于下降。

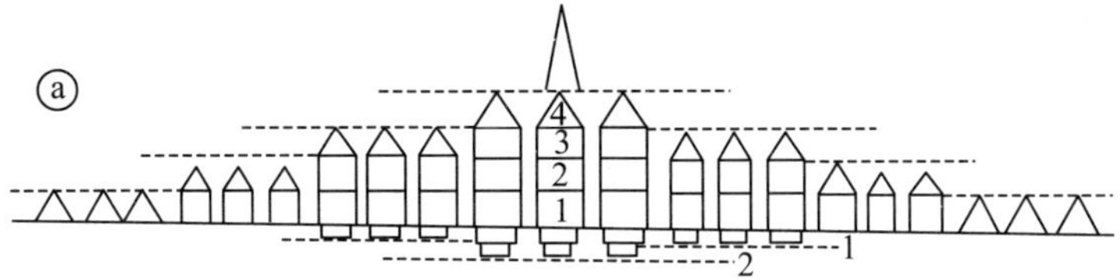

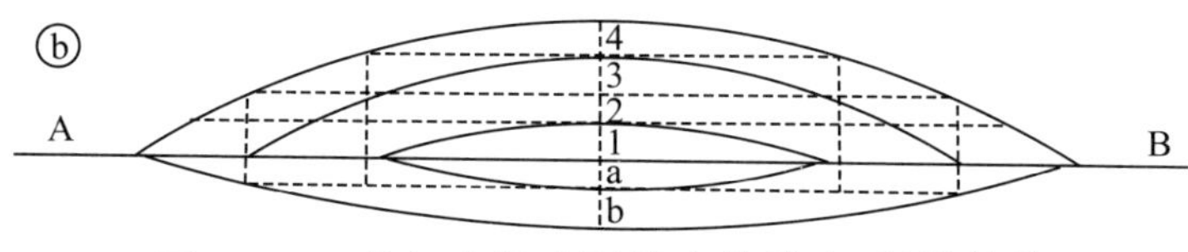

图 13　19 世纪中期欧洲城市的社会-经济结构

根据 J. G. Kohl。

欧洲城市里的内城,存在基于建筑物楼层分层(floor-by-floor)基础上的潜在差异,而且毫无疑问是根据阶级体系(class system)来区分的。体现在衣饰、谈吐和举止上的地位差异明显,还有那些限定和保持社会距离的规定明确的礼节和礼仪体系。只有在阶级体系之间的流动变得更易,社会差异变得更不清晰,并且达到一定程度才有必要通过空间隔离来保留社会地位的差异,就像在高度流动的美国城市里一样(Berghe, 1960)。因此,社会和空间距离是能相互代替的,在一个稳定的阶级体系里,首先定义和保持身份差异,其中社会地位是继承的,居住地是异质的;其次在流动性大的社会保护所取得的身份,只有这样才能在邻里和社区的均质社会中为其可能受到的地位威胁提供保障。 118

工业化发生在像科尔所描述的那种地方,其社会空间结构是遗传下来,而不是像新镇那样重新创造的,也不是在一些农场市镇上嫁接。在工业大都市的诞生地英国,并没有工业城市化的规划,而且在随后发展起来的欧洲大陆国家也不多见。因为马车和步行在交通上的局限和在做生意中面对面交流的需要，在城市的新扩展部分，仍保持了中世纪城镇城墙以内的密度(Wells, 1902)。而且事实上，就是那些古城将这样的建设法规应用在新的开发上。但是因为工业新秩序带来了更大的社会流动，它也产生了更严重的空间隔离。

在英国，维多利亚时代的大都市造就了新工厂和车间，并且为了买卖新兴专门化的产品，临近古城的港口和铁路站场就变成了商业核心和新城市化的标志。与铁路站场和码头毗邻的是批发仓库、日用品零售市场；将古城和新开发住宅分离的是工厂和车间。由于马车及后来的郊区铁路和电车轨道，在那些以前距中心超过步行距离的区域出现了更高质量的郊区开发。郊区特征很大程度
119 上归因于交通、城市居住区原有的类型和那些没有充分开发区域里的土地所有权的性质。在英国，第一批从城市迁出的是中产阶级，在新郊区建造独立式住宅，这样就打破了工业化前城市的老传统：工人郊区(workers' suburbs)是边缘化的，而且是在城墙之外。这一运动并没有在欧洲其他广大地区同时发生，如今天经常暗指的那些低收入阶层的“郊区”，如历史上一直称为中心的地方，并且这些地方因偏爱公寓生活仍想把许多欧洲大陆城市限定在一个更有限的区域。

乔伊(Choay,1965)认为，就是这种在19世纪中期产生的差异，是本世纪欧洲城市规划中两种主导意识形态的根源。英国的新城概念寻求平衡并融合城镇与乡村，反映了新中产阶级向往郊区；而法国的“大而全”集中反映了公寓房和高密度生活区的特征。

对于乔伊来说，埃比尼泽·霍华德、刘易斯·芒福德和弗兰克·劳埃德·赖特(Frank Lloyd Wright)是一种立场，而勒·柯布西耶(Le Corbusier)则是另一种立场，分别代表了两种主要流行的观点；在这个意义上，赖特的广亩城市(broadacre city)是家庭住宅分散的最终状态，而勒·柯布西耶的光明城市(ville radieuse)就是垂直的由钢和玻璃建造公寓大楼，十字形平面，夸张的高架和其间有广阔的步行空间的原型。

在维多利亚时代的英国和欧洲大陆，为新工厂的工人而建造的住房都建在背离街道、狭窄并光线暗淡、不通风且缺少稳定的供水和下水道的地方。而且为提高住宅容量，地下室也经常用于居住。

恩格斯在1844年描绘了当时英国的城市生态和社会结构[①]：

> 曼彻斯特的中心区是一个比较大的商业区，大概长宽有半英里，差不多全都是办公楼和大商场，整个区几无住户，晚上非常冷清……这个地区有八条大街穿过，街上非常热闹，房屋的底层均为一些豪华店铺。这些街道两侧的楼上房间也都被利用，直到深夜这里都非常喧闹。除了商业区以外，整个曼彻斯特市区、索尔福德和胡尔姆全部……形成了一个纯粹的
> 工人区，像一条平均1.5英里宽的带子把商业区围绕起来。120
> 在这条环带的外围分布着规则的街道，住着中上层的资产阶

---

① 此段文字参考了《马克思恩格斯全集》中文版第二卷(人民出版社1957年版)中“英国工人阶级状况”一文的翻译。——译者

级……上层资产阶级则住在更远的带有花园的别墅里……那里有清新的空气和舒适的住房，半个小时或一刻钟就能坐公共马车到城里。这种布局最妙的地方就是有钱的贵族可以在整个工人区的中间走最近的路，而看不到左右两旁极其肮脏贫困的地方。因为从交易所向四面八方通往城郊的大街都是由两排几乎毫不间断的商店所组成的，而且那里住的都是中小资产阶级，他们有能力将肮脏和悲惨从那些肠胃健壮但神经脆弱的老爷太太们的视线中隐去，而正是这些肮脏和悲惨不断补充着他们的财富……我很清楚这种伪善的规划对于所有的大城市来说或多或少比较普遍；我也知道，那些零售商由于他们的商业本能不得不去占据大马路；这种街道上好房子总比坏房子多，这一带的地价也比偏僻的地方高。但与此同时，我从来没有看到像曼彻斯特这样，如此系统地将工人阶级从主干路排除出去，如此轻而易举地将本应出现在资产阶级眼前和神经里的一切隐瞒下去。然而在其他方面，曼彻斯特很少按照政府法规制定的规划来建设，出现了比其他城市更多的事故。当我连带考虑到资产阶级那种热心的保证，说什么工人生活得很好的时候，我就觉得，那些自由派的厂主，曼彻斯特的大亨们对这种敏感的建设方法不是完全没有责任。

恩格斯所描述的空间组织非常类似于后来由帕克和伯格斯(R. E. Park & E. W. Burgess，1925)所提出来的北美工业大都市。由于它的弱点，它不仅成了 19 世纪后期社会主义理论家批判的对象，也是在第一章的美国案例中所提到的一系列改革运动的源头。

由于流行病的流行，在英国产生了卫生改革运动，这项运动中的重
要事件包括有1842年埃德温·查德威克（Edwin Chadwick）关于
工人的卫生条件的报告，在1843年成立了关注城镇健康的皇家委
员会，1848年的《公共卫生法》，以及1872年及1875年的在公共 121
卫生法要求下通过强制力量执行的改革。

与追求更好的公共卫生的动力相联系的是，有必要通过公共决策来控制因自私地剥削只能租房居住的贫苦工人的私人利益而产生的不良后果。住房规范因而既与出于公共卫生目的的环境控制相关，也与建造高质量、低成本住房相关。结果，环境标准逐步得到改善，出台并执行了住房标准，建设了下水道，铺装了街道，垃圾处理也得到了控制。1890年的《住房法》实施后，英国的地方当局被允许用好的住宅来代替贫民窟。在英国、德国和比利时，找到了一个建造低成本住房的有效方法——公益信托（charitable trust）。例如，提倡将资金投在利润有限、租金合理的公寓上——在地方政府的引导下，实施了贫民窟清理和建造住房计划。

然而在19世纪，贫民窟清理计划并不是没有遭到反对和激烈的批评。拆毁贫民窟并再开发成商业、铁路和纪念碑，公众企图将老工人阶级的住所迁出位于市镇中心周围的贫民窟。在英国，还要考虑到贫苦人极糟的生活条件和住房，恩格斯又写道：

> 实际上时兴过后，资产阶级只有一种办法来解决住房问题，那就是自身也在不断产生新问题的方法。有个方法称为“奥斯曼”……我所说的“奥斯曼”是一种现在已经变得很普遍的实践，即破坏我们的大城市里工人住宅区的行为，特别是在

> 中心区，更不用说这样做是不是出于公共卫生和城市美观的考虑，或是出于建设大中心商业区或交通上的需要，例如铁路和街道的布局（有时还会有设置障碍来增加战斗难度的战略目的）……不管理由有多么的不同，结果在哪儿都是一样，羊肠小道在资产阶级自我赞美声中逐渐消失被说成是巨大成功，但他们又立刻在其他地方（通常是在紧邻的街区）出现了……疾病滋生的地方、声名狼藉的涵洞和按资本主义的生产模式一夜又一夜禁闭工人的地下室而没有拆毁，他们仅仅
> 122 是**转移到了其他地方！** 在一个地方产生的经济需要，在另外一地也会产生同样的经济需要。只要资本主义生产方式继续存在，希望有一个能独立解决住房问题和其他影响工人命运的社会问题的办法，这样的想法是愚蠢的。问题的解决方法就是废除资本主义生产方式和工人阶级自己将各种劳动和生活资料归为己有。

由工人阶级的状况而引发的各种改革措施，将会在20世纪欧洲大都市的建设形态和社会结构中得到体现。

其中之一就是新城运动（the New Towns Movement）。在埃比尼泽·霍华德的理念中，新城能达到三个目标：(1)在严格的有限规模的新城中，把大工业城市的无人情味的设施按人的尺度重新安排；(2)平衡就业岗位和住房的数量；(3)土地公共所有而无法投机，因此能控制增长。这样通过公共政策的干预来抵消由放任自由的工业城市化所带来的对人类不利影响。

公众参与的传统

当然,在整个欧洲城市历史中,公众的角色都是存在的。中世纪的城市社区有许多功能,就像大量的公共建筑展示的那样。市政厅的建筑一般都占据了中央广场的位置,就是一个城市重要性的外在表现。市议会控制了市民的经济活动,同时收税。它也有责任在紧急情况下提供食品,这点很明显,可通过公共仓库如盐塔、面粉房和面包房等看出来。宗教也会参与社会服务和教育。

专制国家在城市管理机构设置上实行科层制,特别是国家首都,城市政府为其侍从。所有的文化机构(如大学、博物馆和剧院等)都成为统治者的义务。

自由主义创立了自治社区立法程序,市议会逐步地增加了管理功能。那些陈旧的、快要被遗忘的观念(指有责任建造住房、学校、福利院等的观念)促使了地方社会主义(municipal socialism) 123 的滋长。城市自我管理的理念要求控制市政设施,如煤气、电力和公共交通等。由此,市政当局成了城镇中最大的企业。

提供许多非盈利的服务政策是地方社会主义的第一块基石,其次就是福利计划。广义的城市规划是第三个因素,要求权力自由且高效地配置土地。普鲁士王国在18世纪重新塑造柏林的时候就意识到了这点。他们购买一块又一块土地,直到成功地获得了城市40%的土地。新社会民主党执政的城市政府效仿了这种做法。早在1910年斯德哥尔摩开始在早期城市边缘的内外获得土地和森林,这样就为在二战后的城市建设进行激进的新式改革奠定了基础。

关心城市设计

在欧洲城市中,设计往往起着关键作用。16 和 17 世纪的绘画就说明了建筑设计是如何反映精神价值、宗教理念和政治秩序的。中产阶级个人建造的住房能形成连续统一的立面,表明了其严格的社会组织规则,甚至兼有军事功能的要塞也能表现。

特别是巴洛克具有纪念碑意义的宫城强调了这一理念。通往宫殿和公共建筑壮丽的林荫道就是一种建筑设计的手法。把公园融入城市景观中就是这项重要传统的基础。林荫大道表明巴洛克城市的尺度不再是适合行人,而是马车。市民的住房在这个理念中只是充当配角。西欧和中欧的各个地方,富丽堂皇的建筑物纷纷被中产阶级所效仿。资产阶级也效法贵族的做法。

在西欧和中欧,这种开发产生了“立面文化”(facade culture)。124 在这个时代不仅中产阶级的经济公寓(tenement house),甚至那些蓝领工人的住房也运用各种各样的历史样式进行装饰。与此同时,在大国首都代表着国家的观念达到了顶峰。奥斯曼重塑巴黎的做法特别被比利时和西班牙的城市建筑模仿。

在 19 世纪后期,这种前所未有的改造老式外观的做法也刺激了其他力量,在土地投机最糟糕的几十年里,保护运动开始了。早在 1907 年,在普鲁士通过了一项反对拆毁住宅的法案。从那时起,保护的理念在欧洲城市规划中成为一个重要因素。

根据城市社会主义理念,在 20 世纪 20 年代的早些时候,维也纳第一次制定了大规模的住宅开发计划。虽然城堡似的建筑群与这种新观念形成强烈对比,但有助于吸引全世界的兴趣。能够被其他城市效仿的优秀设计消失了,只有巨大的建筑保留了下来,如在格拉斯哥。它为斯德哥尔摩在社会住房计划上保住其领先地位,既美观又实用。

景观建筑学是专制主义城市观念的一部分。最初是为有特权的上层阶级(主要是贵族)所保留的公园,很多在启蒙时代就向公众开放了。许多城市拆毁要塞,以在老城周围建设绿带。它的设计费和维护费是由地方政府负责。在自由主义时期,中世纪社会流行的土地观念与巴洛克花园文化的艺术原理相结合。19 世纪后期的总体规划就已经适当地将公园安排在靠近建成区的地方或买下私人花园向公众开放。城市住房计划提出了有孩子的运动场和其他娱乐设施的"社会绿地"(social green)的概念。二战后遍布全欧洲的住房开发(以集资建设拥有产权的住房的形式)也效仿这种新创的模式。

在这种背景下,就能理解 1904 年在维也纳首次阐明的欧洲绿带理念(the continental green belt concept)。它是一个为住在拥挤的建成区里的居民提供休闲娱乐的地方。绿带也是一种控制城
市增长的手段,像加拿大的渥太华那样把城市细分为街道。绿带 125
在欧洲许多城市的总体规划可以看到。他们的保留依赖于控制土地投机的时机,而这点在整个欧洲不是完全相同。

住宅与住房偏好

在欧洲大陆的住宅发展历史主要是指公寓住宅而不是独立式住宅(像英国那样叠层式的半独立或独立的住宅)。在欧洲大陆,公寓住宅在文艺复兴时期就出现了。富裕家庭的新式住宅被设计

成了多层带有拱券院子的公寓。然而在 18 世纪的中期以前，标准化的大规模的经济公寓没有成为银行家、企业主和批发商们有利可图的投资。那不勒斯就是典型。至今这些巨大的经济公寓房仍在那不勒斯市中心发挥重要作用。在欧洲大陆的大城市里，富裕的资产阶级都住在宽敞的经济公寓的三楼，这点与英国相比显示出一个完全不同的居住模式。在伦敦西区的布隆伯格、麦法尔、伯格拉维亚、热格特公园等上流住宅区，大开发商从皇家和一些老贵族那里租得大片土地，并建设成有魅力的叠层式的独立式住宅，在中心广场内的私人空地周围的独立式住宅可用于长期出租。这样，中上层阶级两种不同的居住形象明显不同于后来的英国式和欧洲式的开发风格，正如前文所提到的。

18 世纪后半叶，经济公寓的开发扩展到了中等城市，而那里经常是工匠住宅的集中区。原先用作车间或储藏室的长长的两翼，现在改成了小平房。这些古老的经济公寓一开始能满足中等收入者的需求。收入最低的底层人所租住的兵营式的住宅，是工业革命时期住房市场自由化的产物。建筑公司成批地开发，代理
126 商和房地产负责销售，银行负责资金的借贷。经济公寓物业成了有钱人的一项颇有吸引力的投资。像巴黎、柏林和维也纳等首都所新创的原型，纷纷被那些较小的省会城市所效仿。

正像工业化只出现在中欧东部农业地区的边远地带那样，经济公寓并没有出现在所有首都的外围和一些工业城市里。而实际上，大部分城市和城镇仍保持着他们半农村的景观，大多数住房是传统一层联排式的。

第一次世界大战给整个欧洲的城市体系带来了巨大的变

化。根据《租房保护法》，出租被冻结，而合作建设非盈利的福利住房的社会租金（social rents）和私有公寓的经济租金（economic rent）改变了住房市场，并产生了越来越复杂的结构。在一次大战和二次大战期间，欧洲没有像北美清除贫民窟过程做的那样，社会福利住房计划所采纳的公寓住宅不是作为隔离贫困人口的手段。实际上欧洲大陆的经济公寓大部分仍是为所有收入阶层的人而建造的。在电梯广泛使用之前，最好的公寓通常是2－3层。在前面的大公寓和能看到后院的小平房之间也是有区别的。住房不是控制在追求利润的地主或大建筑商手里，而是控制在政府的住房管理部门手里，就是这样的事实导致了对隔离进行更严格的限制。

因此，大体上，欧洲开发的住宅结构与北美有很大不同。自己经营的人过着居家和工作的不完全分离的生活，特别是商人和小公司老板，把他们的公司放在自己的住宅里。当然，大规模地建设经济公寓的确会产生由于小平房装修简陋而要不断地维修的问题。以满足穷人需求为目的的社会住房计划，试图建设尽可能多的低成本住宅来应付长期的住房短缺问题。即使在最近的20年时间里，住房平均面积的增速缓慢，但住房开发还是不能满足快速
增长的对大型豪华装修住房的需求。这个事实归于规划权力的大 127
小。只要存在住房短缺，消费者的选择余地就很有限。如果可获得住房是根据规划来布局的，那么它就是确保规划目标能实现的手段。

英国新城：与工业城市化相伴生

第二次世界大战后，整个欧洲虽然对最早出现在英国的工业城市化不满，但当国家在管理国民经济和社会的角色转为主角时，最终发现各国所作的尝试在物质景观上的表现是不相同的（Harrison, 1968）。从 1947 年开始到 1971 年，英国新建和扩建的 22 个城镇，人口总量超过 120 万人，家庭超过 2 万户，且大约有 60 万个就业岗位。在本世纪末，目前指定的 28 个新建的或扩大的市镇，有望能占到国家总人口的 4%，达到 650 万—750 万，尽管这一数字可能因为保守党和工党政治力量的制衡而发生改变。

新城政策（the New Towns Policy）归因于许多因素，但其中最有力的是反对自由放任的土地使用，有两个源头：一个是作为“贵族应有的品德”（noblesse oblige）的传统强大势力，另一个就是福利社会主义的力量。对于土地投机和城市开发，英国比北美更没有同情心，因为英国贵族传统中更强调责任而不是权利。从工业城市化的一开始就一直关注工人阶级的就业和穷人的生活条件，但从维多利亚时代城市里的无家可归的人的数字来判断，关心还远远不够。因此，战后为英国新城所作的发展规划，必须从国家更早的规划历史的视角来看，而这样的社会和物质规划是依照 19 世纪城市化对人类影响的程度来做的。

英国规划的早期发展

128 从 18 世纪以来，发展中的英国规划实践就得到贵族和慈善家的关心(Cherry，1972)。在18世纪，优秀设计不仅表现为按城市聚落秩序的家长式统治风格，而且造就了伦敦的乔治亚时代广场和巴思的皇家新月状街巷。当然，在工业城市化早期就是如此，滋生着自由放任的维多利亚城市里的肮脏污秽，如恩格斯所描述的那样："任何一个地方的工人住房都规划、建造得很差、条件非常糟糕，通风不良，既潮湿又不健康。"就是在这样的条件下，1875年要在全国范围内建立公共卫生服务网络的卫生立法的呼声达到顶点。与此同时，慈善住房协会开始为穷人寻求较好的住房，而社会改革者、空想家和激进的改革运动都获得了力量。从亨利·梅休(Henry Mayhew)到查尔斯·布斯(Charles Booth)，再到西伯姆·朗特里(Seebohm Rowntree)，新式的社会分析家和评论员高度重视穷人的生活条件，而在救世军中社会基督徒的激进行为和在分配财富时要求更加平等的激烈争论等等都获得了支持。与美国进步运动相并行，在英国还有一股要创造更加人性化和市民化社区的强大力量。按照罗伯特·欧文(Robert Owen)的传统，一些社会改革家转向实际的试验，针对无法控制的城市化的解决方案之一——新城概念也获得认同。由业主卡得伯里兄弟(Cadbury Brothers)建造的启蒙工厂(enlightened factory)和由利弗(Lever)建造的阳光港(Port Sunlight)，就是一种相对应的新镇模型。至少从伊丽莎白时代开始到19世纪末，整个伦敦都处在持续的动荡之中，深度关注贫困和穷人住房，非常想找到能解决问题的办法。

就是在这样的背景下，埃比尼泽·霍华德推动了英国城市历史发展。1898年他出版了《明日之城：通往真正改革的和平

之路》一书，并在1902年修订为《明日的田园城市》。后来霍华德说：

> 在我的观念中，田园城市的基本目标就是：用一种值得期待的目标，把那些只要有良好愿望而不管他们的信仰和政党的人民凝聚在一起——建设一个比过去更公正、更健全、更健康和更有效的城市。

他主要的关注点是过度拥挤的城市和快要吞噬完的农村地区所面临的困境，他认为不仅仅只有两种生活方式——城镇生活和
129 农村生活——而是有第三种选择——完美结合的在乡村地区的城镇生活。与著名的规划师雷蒙德·昂温(Raymond Unwin)一起努力，1903年他规划并建成了第一座田园城市莱切沃斯，作为“在田园里的城市”(city in a garden)。后来奥斯本(F. J. Osborn)和珀登姆(C. B. Purdom)在1920年由田园城市和城市规划协会(the Garden Cities and Town Planning Association)建造了田园城市韦尔温。

然而，在此期间发生了第一次世界大战，而战后英国面临着大规模的住房短缺问题，即在民众的租金承受范围内，私人部门也不能满足住房需求。1919年和1924年的住房法授权地方当局建设和规划公共住房。从1919年到30年代中期，地方当局建设的住房和其他国家资助建设的住房占到所有新建住房的一半，就像今天所做的一样。主要的政策目标是：在民众的支付和租金承受能力范围内，为所有人提供满意的住房。但是，大部分

新制定的公共住房计划缺少长远规划的内容。住房产业中的私人公司由于不受相关的限制，他们可以根据英国人希望在农村拥有住房的需求，在沿城郊道路的两侧为追求利润而投机开发，从而助长了城市蔓延。为了应对这种投机产生了一连串城镇规划法，最重要的是在1932年授权地方当局“控制开发，确保适当的宜人的和舒适的生活条件，保护已有建筑物……”。地方当局也有权对土地进行分区，并储备土地免遭开发，这被认为是在战后控制城市形态最重要的两个因素。

这些变化对社会的影响是巨大的。的确，罗伯森(Robson，1969)总结认为“在20世纪，地方当局建造简易住宅计划的发展和城镇规划的发展……大大动摇了经典(例如沃斯)模型的许多基础”。他提到了英国城市中较低的空间和社会流动性；地域性对个人社会生活至关重要，包括具有代表性的面对面交往的人际关系与亲族网；年龄结构对社会住宅区发展所具有的重大影响，如早期定居者住在一起，一起步入老年；严格划分的社会阶层对英国生活方式的作用具有的持续重要性。这些因素在战后 130
的英国都起着重要影响，它们综合在一起，在地方当局房地产领域创造了新的生活方式。

但在1932年，英国还处在由于大萧条带来的大规模失业之中，虽然在那年贸易和财政有所好转。在当时，爱德华兹(A. T. Edwards)正兜售他的要在整个国家规划100个新镇的建议，而且在1935年，伦敦郡议会拨出200万英镑用于绿带系统内的征地，在蒙塔格·巴洛(Montague Barlow)爵士任主席的皇家工业人口分布的委员会(the Royal Commission on the Distribution of the

Industrial Population)也成立了。巴洛报告由于第二次世界大战原因而被推迟。在 1940 年出版时,它建议要控制伦敦的增长,要对拥堵不堪的城市进行再开发,并从这些地区把工业和人口分散出去,鼓励“平衡的”区域增长,要完成最后两个田园城市或田园郊区及卫星镇、贸易区的建设,以及开发现有的小城镇和偏远的区域中心。帕特里克·阿伯克龙比爵士就是巴洛委员会中签署少数报告提出强烈建议和新镇政策的六个成员之一,随后他也成了风云人物。

战后规划:新城

战争造成了普遍的毁坏,特别是伦敦。但早在 1940 年 10 月,罗德·莱斯 (Lord Reith)被任命为劳动与建设部部长,在 1941 年 3 月他要求伦敦郡议会准备战后重建的计划。伦敦郡议会雇请帕特里克·阿伯克龙比和建筑师福肖(J. H. Forshaw)作为委员会的顾问。“大伦敦规划”(the Country of London Plan)在 1943 年出炉了。阿伯克龙比把伦敦规划为同心圆形态,内环(inner ring)疏散人口和工业。在郊区环(suburban ring)周围不进行开发。这样由绿带包围城市并可阻止城市的增长。最后在乡村环(country ring)周围,规划开发现有的城镇和 8 个全新的城镇来容纳外溢的人口和工业,其中 52.5 万人住在计划扩张的城镇里,35 万人住在新镇里。

虽然阿伯克龙比的人口分布的想法被证明是完全错误的,但
131 不管怎样,他的理念指导了战后的规划,而且在 1943—1944 年《城乡规划法》中得到体现,通过规划许可制度加强了干预和控制私人

开发机制。战后新一届工党政府以绝对性优势上台后非常热衷于规划，在意识形态上就反对牟取暴利的开发，保留了战时的控制措施，最主要的就是完全控制所有的施工证。

由于大部分住房属于公共开发，所以规划能够不折不扣地被执行下去。新的建设只有与国家优先投资一致时才能得到许可，而物质规划也是新社会政策的一个手段。各级政府只有编制了规划，才有实施规划的权力。

1945 年罗德・莱斯被任命为城乡规划部长咨询委员会的主席。他的工作是：

> 考虑推进新城建设计划中会出现的有关建设、开发组织和管理上的问题，新城建设计划是一项旨在促进拥挤城市疏散化的政策，和……提出指导原则，使得城镇建设开发成为工作和居住自给自足和平衡的城镇。

他准备了三个报告，并以 1946 年《新城法》的出台而告终。

在 1946 年和 1949 年间，大伦敦被指定建设 8 个新城，包括史蒂夫尼奇、克劳利和赫默尔亨普斯特德。这个伦敦规划理论框架是由唐纳德・福利(Donald L. Foley，1963)提出来的，本书以图的形式把福利的框图重新整理如下(图 14)。在国家层面，主要社会目标就是保持充分就业，从中还可引申出其他的计划目标，例如就业岗位再分配到那些高失业率的地方，工业开发证的方法是可行的。在区域规划层面，主要目标是关于伦敦地区的空间组织。而在城镇规划层面，主要目标就是为人口创造尽可能好

的居住条件。这个规划体现了“自给自足”的理念，拥挤不堪的内城要疏散，伦敦核心区的增长要遏制，而新的增长要引导到社
132 会经济平衡的有限规模的新城中。

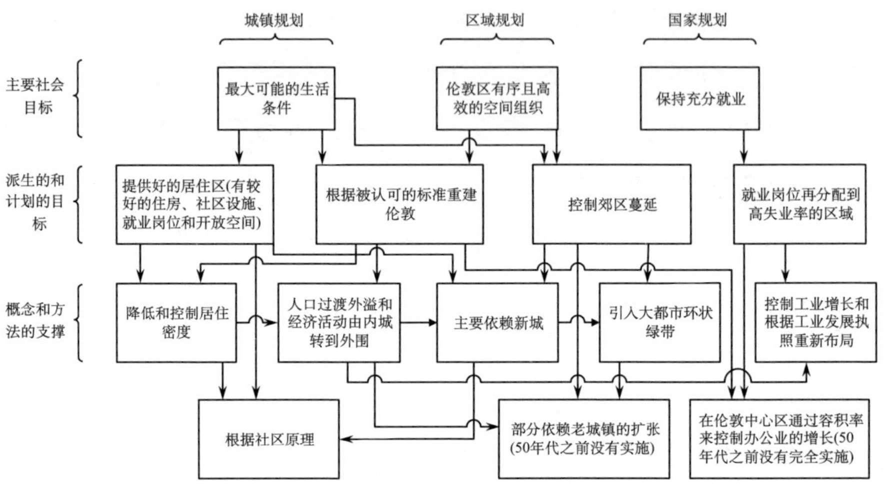

图 14　伦敦规划时的理论框架图

注：括号表示已经被包含了的目标、计划和方法。这个框图首先是由福利在对英国
133 规划经验进行评价时提出的。

自从最初规划被编制出来后，在开发之中的新城数量很快就增加到了 22 座，包括较早开发的密度较高的新城，如在格拉斯哥外围的坎伯诺尔德，和新近扩大现有城镇规模的城镇，如彼得伯勒和北安普敦(其中有 28 个是指定的)(图 15)。对这些现有的城镇，将来还会有大量的补充。几个比较大的新社区在 60 年代编制完成的区域战略规划中就被提出来了，但他们是否能实现大概会有持续的争论。

关于开发控制

虽然开发控制是英国规划中最重要的部分,但在新城中仅有一小部分的公共部门的开发活动。地方当局为英国人开发的公共住房仍占到一半。私人公司开发的住房在很大程度上是迎合中上阶层家庭的需要。贫民窟清除行动在急速地进行。对施工证(后来被建设必须具备的规划许可证所代替)的控制和按照 1947 年版《城乡规划法》的要求进行开发控制,并通过严格遵照土地利用区划原则,这样就能有效地应付私人为牟取暴利而进行的投机行为。1947 年《城乡规划法》使得地方当局有责任控制土地使用。住房补贴鼓励大力开发公寓和办公楼。虽然大规模的办公业增长导致了在伦敦市中心就业岗位的持续增加,但工业去中心化(industrial decentralisation)已经成为事实。《清洁空气法案》也已经消除了英国城镇的空气中的浓烟。戈登·彻里(Gordon Cherry,1972)认为尽管结果意义重大,但这些成果仍让人觉得很不够:

> 地方当局干预所取得的成功使我们能明白开发或多或少是在正确的地点和正确的时间里进行的。按照住房计划建设了学校,保留了开放空间,限制了在某一地区的建设,而鼓励
> 在其他地方建设,拆毁了不合适的住房,建设了新住房,商业 134
> 中心不再是带状发展,避免了工厂选址过度分散。这说明了公共干预在城市环境建设中达到的一个高度……已制定好的人口和就业分布规划,作为一项政策要能容纳大城市进一步的增长,为此要寻求一贯的策略……但还必须考虑序列安全

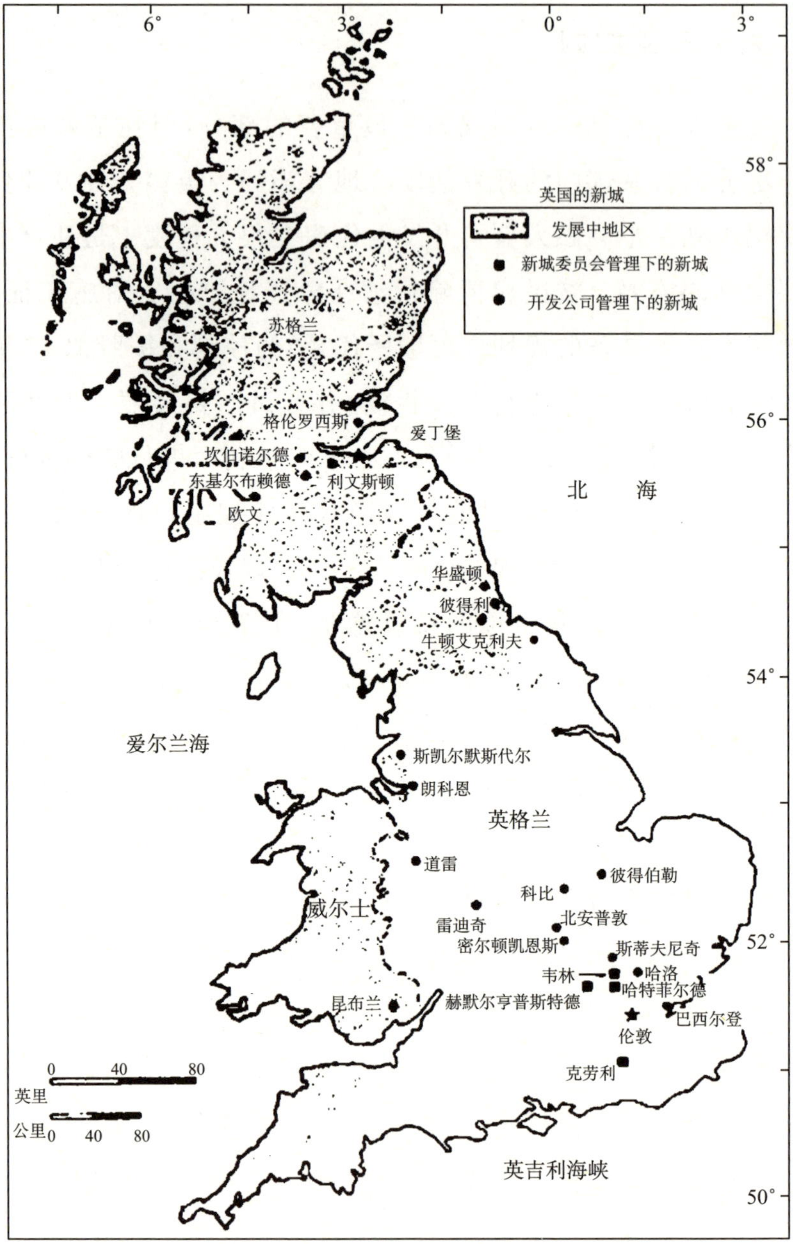

6° 3° 0° 3°
58° 56° 54° 52° 50°

英国的新城
发展中地区
新城委员会管理下的新城
开发公司管理下的新城

苏格兰
格伦罗西斯
爱丁堡
坎伯诺尔德
东基尔布赖德
利文斯顿
欧文
北 海
华盛顿
彼得利
牛顿艾克利夫
爱尔兰海
斯凯尔默斯代尔
朗科恩
英格兰
道雷
彼得伯勒
科比
威尔士
雷迪奇
北安普敦
密尔顿凯恩斯
斯蒂夫尼奇
韦林
哈洛
哈特菲尔德
昆布兰
赫默尔亨普斯特德
巴西尔登
伦敦
克劳利
英吉利海峡
0 40 80
英里
公里 0 40 80

135

图 15　英国的新城

> 性与合理性，在更广的层次上去体会规划干预的总体影响。它最好的影响就是支持西欧城市的传统观点……城市作为古文化的容器，为使其免遭衰落而应该去保护它。根据这种判断，为了保留关于城市社会和城市功能的传统观念，规划在本质上就是一项保护运动。

换句话说，在过去被认为是有作用的依附于在城市形态上的怀旧感，已经遍布在英国开发控制中。

新城评估

如果开发控制显得有点保守，那么激进的方案是什么，是新城吗？在很多方面，伦敦的新城取得了巨大的成功，解决了 47 万人的住房问题。彼得·霍尔(Peter Hall，1966)认为新城吸引了 400 个工厂和 25 万多人就业，同时还有具有吸引力的商业中心和大型市场。但在深层意义上说，他们反映了阿伯克龙比规划的失败。最初的想法是创造一个自给自足的社区，能够居住 40 万人并有相应的就业岗位，且由公共公司开发，接纳从伦敦迁出来的伦敦人，以阻止伦敦继续增长和吸引外围的就业岗位。

阿伯克龙比的规划在许多方面都被修改了。只指定了 8 个新城而不是 10 个，其中 3 个已经是为大家所认可的人口中心。许多修改是必要的，因为阿伯克龙比的人口预测被证明是错误的。在 20 世纪 40 年代，大家都认为整个国家会面临人口增长停滞期。没有料到伦敦地区的人口会持续增长，为战后早些时候所作的规划几乎完全就是去中心化，认为将有 100 万人从大伦敦集合城市

(Greater London Conurbation)迁移到外围都市区(Outer Metropolitan Area)里,新城将会在去中心化、铸造新城市形态的过程中发挥重要作用。

在 1951—1971 年间,大伦敦集合城市实际上每 10 年人口确
136 实下降了 3%。但外围都市区的人口增长速度远比这些快——仅在 1951 年和 1961 年间,在阿伯克龙比的规划中,是把近百万人口视为最终目标。因此伦敦的新城对去中心化的影响比所想象的大打折扣。到 1971 年,他们的人口达到 47 万人,而最终目标是 65 万人,但这已经表明在英格兰东南部外环,人口增长只有 18%。

在新城建设中一个非常重要的理念是工作和居住的自给自足和平衡(Thomas, 1969)。因此不同于地方当局的住房计划,也不同于私人公司对创建的田园城市的理解——连接在现有城市聚落的通勤郊区。按照早些时候讨论的克拉伦斯·佩里(Clarence Perry)提出的概念,每一个新城都是由邻里单元(neighbourhood unit)组成,中心是学校、商店和其他地方服务设施。邻里单元和一个主要商业中心、工业区以及各种为社区服务的教育、文化和休闲设施等一起构成自给自足的实体,并有环状的开放空间。这种方式结合了城市与乡村的优点而不是缺点,从而实现了埃比尼泽·霍华德的理想。居住和就业间、设施与需求间以及社会阶层之间的平衡也能通过多种方式达到。例如在 1946 年,对罗德·莱斯委员会的一项指责就是:“如果社区是真正平衡的,那么只要存在社会阶层,所有的东西都必须在其内……而如果不是所有的东西在其内,那么这个社区会变得更加贫困。”这样,在高收入人群的住房旁边应有补贴租金的住房,以满足不同家庭规模和不同年龄

段的需求。我们知道，在田园城市莱切沃斯和温恩，社会阶层的混合会产生其他城镇所没有的社区意义。希望在新城中通过物质规划的方法能使得在阶级差异上的社区感相似性达到最小。在大多数新城中，每个邻里都是由不同人群的住房混合而成。

新城已经是现代产业的磁体，为其提供了许多优美的物质环 137
境，也为居民（主要是家里正在养育小孩的年轻英国人）提供了住房。他们中的一半多一点都是来自伦敦，伦敦人都愿意留在这里，统计表明约近96%的移居者都是来自伦敦（Thomas，1969）。对于其他新城，是作为迁居到伦敦之外英国乡村其他地区的驿站。

宏观上，自给自足的目标已经实现。新城的居民中，在本地工作的人数大大超过在外地工作的人数，而在伦敦外围都市区的其他地方，那儿的人口增长能在传统郊区和居住区里就地解决，小汽车拥有率的增长与至伦敦的长距离通勤等问题一起消失了。另一方面，在新城里，越来越多的妇女进入劳动力市场，他们的自给自足能力在增加而不是减少，并且通勤至伦敦的比例在下降。

在新城里的社会平衡问题仍值得争论。在新城哈罗里，大部分居民还有其他家庭成员（通常是同一代人）同在城里，而且包括退休的父母，因为住房是为退休人员而建的。批评者认为：工人阶级家庭因为被传统的社会网络所隔离染上了“新城忧郁症”，因为专业人员和管理人员都搬进了在周围农村开发起来的私宅里，城镇之间的社会同质性不断增长。然而在新城居民和老城居民的对比研究中，并没有发现由新环境造成的身心上或精神上的症状有什么不同（Pahl，1970）。可以肯定，由于与亲戚朋友相距太远，新城居民的社会孤独感会越来越强烈，但因为他们能很快加入到本地的社交圈中，其孤独感也就很快消失。在新城中，蓝领工人的忧虑感最强。因为他们是从家庭与亲戚间联系最强的伦敦内城搬出来，所以他们一直心存忧虑（Young and Willmott，1957）。一旦他们的亲戚也搬迁到同一新城里——在哈罗有 47% 的家庭如此——那么这些忧虑也就没有了。从总体上看，这些新移民对新社区还是满意的，但没有证据表明新城居民生活方式的改变是迁移的结果。在阶级意识比较强的英国社会里，也没有任何证据表
138 明新城中不同阶级之间的交流得到改善。

在莱切沃斯和温恩田园城市里，正是由于两次世界大战之间在英国盛行的等级体系维护社会距离（social distance），并使得跨阶层的社会关系规范得以明确，因此建立一个混合社会邻里（socially mixed neighbourhood）是可能的。二战后，在一个流动性不断加强的社会里，社会性的混居规划理念已经确立。在早期新城建设中所取得的成功有限，是因为中产阶级很想搬到周围农村地区的私宅里去住。这导致了市场只停留在高价位住房上。因而，就在最近，新城里的住房类型已经存在更大程度的空间隔离。社会理想让位于市场的影响（Heraud，1968）。

如果我们将新城作为一个整体来考察，虽然其中的管理者、专业人士和熟练工人的比例确实要比全国平均水平要高——主要是由于他们的产业结构所致——新城远不像北美郊区那样只是一个阶级的社区。实际上，他们有许多邻里，主要迎合那些在工业区和商业区里工作的人各种各样的住房需求。

但在现在英国，有很多人呼吁要在策略上有所改变，托马斯（Thomas，1969）认为新城

> 已经达到了顶峰。他们已经容纳了制造业……这些制造业大部分是从伦敦搬迁出来的。而且伦敦制作造业一直在向各个方向分散。(他们)还容纳了从伦敦迁移出来的数以千计年轻人。但是伦敦外围都市区也是如此。新城是顺潮流而动而不是逆潮流而动，这个事实也许是其成功发展的最关键的因素。

托马斯和其他人一道呼吁用新的行动来跟上英国新的变化潮流……

新趋势和新政策

伦敦仍在增长，由于实际收入的增长和机动性的增加，长距离的通勤也在增加，使得通勤范围越来越像北美的城市(图 16)。在 139
1961 年至 1971 年间，英格兰和威尔士的大都市区都是以相同的模式在增长，即大都市区外围地带的发展。在 52 个大都市地区中有 49 个经历了相对分散化过程，其中有 27 个表现为绝对分散化：中心在衰退，而外围在扩展(Kivell，1972)。

伦敦持续增长的就业岗位主要是办公业，而不是制造业。尤其是“办公业繁荣”的 1955 年至 1962 年间，伦敦市中心的就业岗位迅速增加，拥堵也越来越严重。对此现象的极大关注导致政府感觉压力越来越大，要控制办公业增长，在新城政策之外需要制定更多的发展战略(Cowan et al.，1969)。政府的回应有：1963 年的《中苏格兰白皮书》就建议发展东柯布莱德、卡泊诺德、利文斯顿和格伦-罗斯为主要增长区，将新城转型为能加

城市规模分类下的通勤范围

中心城市人口

50 000–250 000

250 000–1 000 000

超过1 000 000

大伦敦地区

苏格兰
纽卡斯尔
卡莱尔
提赛德
巴罗
爱尔兰海
北海
约克
伯恩利
利兹
赫尔
普雷斯顿
布拉德福德
斯肯索普
格里姆斯比
唐克斯特
曼彻斯特
设菲尔德
林肯
德比
诺丁汉
斯托克
诺威奇
彼得伯勒
莱斯特
伯明翰
威尔士
考文垂
剑桥
北安普敦
伊普斯威奇
卢顿
科尔切斯特
格洛斯特
切姆斯福德
牛津
大伦敦地区
斯温登
雷丁
布里斯托尔
巴斯
吉尔福德
克劳利
南安普敦
伯恩茅斯
埃克塞特
普利茅斯
托贝
英吉利海峡
英里 0 20 40
公里 0 20 40

图 16　1961 年的英格兰各城市的通勤区

此图是根据彼得·霍尔的成果改编而成，他也是模仿美国的研究（如图 7 所示）。

速增长、降低失业和改变人口迁移模式的经济学武器；1964 年的“英格兰东南部研究”和后来 1970 年的“东南部战略规划”建议重新思考伦敦的绿带战略，建议将增长转移到远离伦敦的新城市综合体（urban complexes）里，如南安普敦附近、克劳利、里丁周围、南艾塞克斯和北安普敦。这些至少是拥有 25 万人口的城市综合体，在刺激国民经济增长和降低伦敦外围蔓延发展所需的基础设施成本中起到了关键性的作用。

规划正急速地转向更为宏大的规划。1965 年 9 月国民经济规划的发布导致成立国家规划委员会（National Planning Council），并在每个经济区内设立区域规划委员会，他们都制定各自的战略构想。然而，由于政治更迭削减了许多规划，以至于在一段时间内普遍认为英国的规划已风光不再。在这种思潮下，严格的规划体系在“国民经济复苏需要”的名义下慢慢松懈了，同时也放松了对次要开发的控制。这种做更大规模和更多样化规划的动力，已经体现了要将主要新城作为国家发展政策的前沿阵地，也表明了公众已进入到发展决策程序之中。而规划的削减也体现了市场经济的对立力量，这种力量是由对规划控制与经济增长之间的平衡的考虑所驱动。在公众利益和私人利益两个对立力量间的平衡 141
点就是今天西欧城市动力学的实质。

欧洲大陆的进展

论及近来欧洲大陆的城市发展史，霍华德的新城理论和英国规划的成功促使其他国家也试图控制物质开发，指导新聚落远离拥挤的大都市区中心，并刺激边缘地区的经济和城市增长。政策的具体形式会因国家而异。例如，法国人因为人口和经济活动在巴黎十几年的持续集聚而一直受到关注。芬兰也已经注意到其北部的一半人口都涌向了赫尔辛基，或者迁居到了国外。而瑞典受到关注是因为大多数人口集中在斯德哥尔摩和其他两个南部都市区。他们受到关注不是因为他们的都市区中心像法国的巴黎那样太大，而是因为瑞典北部人口的减少已经威胁到了国家北部的社会结构。匈牙利人也表现了同样的关注，因为布达佩斯主导着整个国民经济。只有波兰人不担心农村人口外流至都市区。由于现代化程度明显落后于欧洲其他国家，波兰认为大都市化（metropolitanisation）是一个吸收农村剩余人口的必要过程。

尽管形式各异，然而现在整个欧洲城市政策的核心问题是增长的区域分布。经济增长被认为是达到改善收入、住房、教育、卫生、福利和娱乐业等社会目标的基本途径。欧洲的发展政策就是要改善国家不同地区间在收入和福利方面的差异，至少要减少经济增长对自然环境带来的有害影响。

城市增长政策的目标和目的因国家而异，但在某种程度上都是为了：(1)平衡福利——国家不同地区和不同社会阶层之间在收入和社会福利方面上达到更加“平衡的”分配。(2)集中/分散——
142 建立一整套相互关联的地方与国家的公共机构，使得在国家层面能够建立综合区域或大都市区规划并付诸实施的总体发展策略。区域或大都市规划的实施部分归因于地方政府体系的改革，并直接与地方官员及受到影响的选区居民有关。(3)环境保护——引导未来的增长不要到正遭受环境超载之苦的地区或者环境质量值得特别保护的地区，而是到环境破坏最小的地方去。（4）大都市区开发（metropolitan development）——通过组建新的区域性政府实体和采用土地利用特殊控制、新城、住房建设、新运输系统和税收杠杆等手段来促进更加合适的大都市开发模式。（5）非大都市区开发（non-metropolitan development）——在目前仍是非都市化的地区建立新的“增长中心”，在这些区域与经济活动中心之间建设新的交通联系，采用激励与限制措施来鼓励或迫使经济活动选在这些地区，并采取强迫某一政府活动搬迁到该地区等手段将增长转移到至今仍属于边缘的区域。

同时，当所作的尝试已经被用来制定政策时，20 世纪在北美和英国已经发生了的很多变化在欧洲大陆正逐渐展开，二战时期出现的紧急情况是：战后重建和解决住房短缺问题成为当务之急。但这些变化呈现的是特殊的欧洲形式。

在 1955—1970 年间，欧共体的农业就业比重从 24.3％下降到 13.4％，而制造业基本保持稳定，但第三产业的就业比重从 35.7％上升到 42.7％（Elkins，1973）。人口进一步集聚。同时，实际收入的增长提高了小汽车的拥有率，也扩大了通勤区的范围，如图 16 所示的英国案例，通勤区已经覆盖了西欧大部分土地。正如我们已经在英国所看到的那样，城市中心区人口在下降，而大都市区的增长在继续。

但是尽管有这些明显的相似之处，欧洲同北美的状况还是有 143
根本区别的。很多工业通勤者住在农村，乘坐汽车或火车通勤，常常将工厂工作与农业劳作结合起来——特别是在黑森、巴伐利亚东北地区、瑞士、德国西南地区、捷克、法国东部的部分地区和低地国家(Low Countries)[①]。在整个英格兰的东南部和伦敦地区,大多数的白领工人、专业人士和管理人员的通勤也主要依赖汽车或火车。只有在工作高度分散的地方,职位较高的工人才会大量使用小汽车。

相比较于北美城市的人口密度(每公顷26—65人),欧洲农村地区和城市建成区边缘具有更高的人口密度(巴塞罗那:达到2 000人/公顷;那不勒斯:1 500人/公顷;维也纳:750人/公顷),这就为通过快速轨道交通而不是小汽车来解决出行问题提供了机会。在60年代,全欧洲的大城市(罗马、米兰、维也纳、慕尼黑、莱茵河畔、法兰克福、科隆、汉堡、斯德哥尔摩、马德里和巴塞罗那)都开始建造地铁或延长现有地铁(如巴黎)。车票往往低于运行成本,使得70%的欧洲大陆的职工经常坐公交车上班。与北美相反,自60年代以来,大多数欧洲国家的长期交通规划是控制城市发展的总体规划的重要部分。并且在欧洲就像喜欢公共交通而不喜欢私人交通一样,欧洲人仍喜欢住在高密度的公寓综合体(apartment complexes)(这对于支持大运量交通很必要),而不喜欢住在郊区的独立式住宅里。因此,尽管在北美的大都市区里,很多传统的城市中心已经开始衰退,而整个欧洲通过公共开发和私人开发的相互结合来保护、恢复和/或建设新的城市中心却继续主导城市生活。后果之一就是许多古老的城市中心街区正经历着"绅士化"(gentrification)过程,就像一次"大回流"——这一模式也正在加拿大和澳大利亚出现,但在美国由于种种原因局限于如

① 指荷兰、比利时、卢森堡三个国家。——译者

华盛顿地区和芝加哥的一些能吸引年轻职业者的街区。

正如丹麦规划师拉斯姆森(Steen Eiler Rasmussen)所说,在 144
欧洲,两国之间的条件组合方式的不同已导致了城市模式和规划需求的极大不同,并且使他们自己纠缠在国家住房和城镇规划计划中。因此,有必要通过考察几个不同的案例——瑞典、法国和荷兰——来理解不同的规划理念及由规划造成的相应结果。再一次强调:我们花费如此多的时间来讨论欧洲的规划,是因为它是19世纪工业城市化在20世纪给人类带来的主要后果之一。

瑞典的成就

任何这样的调查都必须从瑞典开始。这个国家国土面积不大,但生活水平很高,是一个文化同质的民族,有一个忠于福利国家原则强势的中央政府,这一切都为直截了当的果断行动奠定了基础。特别是在斯德哥尔摩地区,待开发的土地是公共所有,国家控制了建筑业,这就意味着规划一旦被认可,就会依规划执行。90%—95%的住房都是在政府的财政支持下建造的,所以政府决定了每年需要建设的房屋数量和户型。规划师们喜欢大型公寓而不喜欢独立式住宅。国家住房局(National Housing Board)制定公寓建设标准,而且能一直保证建筑外观上的高质量。

不仅控制住房建设,而且控制土地利用。土地所有者并不具有内在的土地开发权。瑞典政府控制了城市开发的时间和地点。在规划中,几个政策目标具有优先权:减缓斯德哥尔摩、哥德堡、马尔摩等城市的增长;引导工业转移到落后地区;维持经济上合理的小镇,但其规模足够大,能支撑完善的社区服务要求。

这些目标的实现得益于房屋的严重短缺和对土地利用的控制。几十年以来，瑞典一直房屋短缺，几个家庭会挤在一起，非常145 拥挤。对于许多瑞典人来说，已经跨越了在某地简单拥有一套住房的阶段，而这些人喜欢什么样的区位和什么样的住房类型，这点在很大程度上被规划师所忽视。从前，公寓建成后会分配给那些在等候者名单中排名靠前的人，而不考虑其他因素。私人开发也要服从总体规划中的公共控制，总体规划的功能就是展望未来15—20年，确定未来道路的走向、供水和排水管网、绿带和城市土地利用。规划一旦生效，与规划意愿相违背的土地使用都是禁止的。

自二战以来，斯德哥尔摩的增长就是在这种框架的指导下进行的。斯德哥尔摩的规划师在编制未来理想的城市规划时深受刘易斯·芒福德(Lewis Mumford)、克拉伦斯·斯坦(Clarence Stein)、帕特里克·阿伯克龙比(Patrick Abercrombie)和克拉伦斯·佩里(Clarence Perry)的影响，因此，也就受到那些反对19世纪的工业城市化的人的影响。地方设施完善的卫星式的社区(satellite community)就被建造出来了，并以绿带隔离，且通过公交系统融入拥有150万人口的相互依赖的大都市区整体中。

尽管阿斯塔和瓦林比的建设分别开始于1947年和1950年，但斯德哥尔摩总体规划从1952年开始修订，直至1966年结束。这就是规划期为30年而每5年修编一次的"滚动规划"(rolling plan)，它设想通过沿着从城市中心放射出来的交通走廊(主要是铁路和地铁)建设卫星式的社区来重新塑造大都市区。有一半的劳动力是在自己社区内工作。过去的决策喜欢将开发选在不同的节点上，这些节点靠近水体且沿公交走廊。最近，越来越多的小汽车和日益增长的实际收入已经促使了快速道路网的扩展，邻里向区域商业中心的转变，有越来越多的住房选择，这些都改变了传统的规划理念。

规划成功的关键在于：首先，政府拥有大量的待开发的土地所有权，而且大部分是在1900—1930年间购买获得的，但直到60年代仍然允许在这些土地上进行建设，例如萨塔地区。其次，公共交通网络被设计为城市选址和形态的主要决定因素，这些公交线网从城市中心放射出来，在高峰时预计可以承担来往斯德哥尔摩中
心的交通量的75%。第三，对卫星城的中心进行统一建设。瓦林 146
比就是一个例子，购物中心就在主要地铁站的上部，在其周围是高密度的建筑物，再外围就建造了一个接一个的邻里街区。这个镇的特征是有美观的建筑，并与自然景观相结合。该镇于1954年建设完成。在其内部，行人和机动车流分离。

反映日益增长的实际收入、小汽车拥有率和新快速路所带来的影响，有相似布局的第二代社区被设计出来（如1960年建设的法斯塔社区）：用低矮的板式公寓建筑替代高层公寓，然后用数量有限的独立式住宅替代联排住宅。但购物中心周围配置了巨大的停车场，居住单元的规模也扩大了。这种适应更多小汽车的趋势在斯卡霍尔曼和加瓦体现得更为直接。住房类型越来越多样化，并且更多的低层住宅满足了人们对更多空间和更多私密性的需求。

在这些规划中，虽然瑞典是一个小国家，有相对富裕且同质性较高的人口，但斯德哥尔摩就作为一个例子，体现了明确的规划在

改变城市化物质景观方面和在改变能使有效的公共控制盛行的条件方面取得了成就。但也产生了矛盾，其源头就是瑞典的规划师偏爱集中在城市中心附近并能适应公共交通的高密度住宅，而越来越富裕的瑞典人需要低密度的独立式住宅和能满足私人小汽车需求的更完善的设施。在规划过程中，瑞典还没有找到一条道路，既能有效应对规划师理论，又能满足市民的居住偏好。

芬兰：塔皮奥拉的建设

虽然芬兰有着与欧洲其他地方相同的城市化问题，但不同于瑞典，因为国家政府在城市发展中并没有扮演强有力的领导角色。尽管为住房计划提供了财政支持，也尽管存在芬兰政府一直对土地拥有所有权的事实，但大部分建设都是由私人公司承担的。总体规划和区划也只是在 1958 年的《建造法》(Building Law)中被明确提出，且很少有规划被编制出来。

147 在这种背景下，赫尔辛基一直努力发展一套区域规划程序。一致认为赫尔辛基的进一步集聚增长应该得到控制。因此，与斯德哥尔摩的规划(追求综合的但空间是分散的都市区)不同，黑基・冯・赫尔岑(Heikki von Hertzen)编制了《七镇规划》。新社区将要被建成为自给自足、独立的，并由绿带相互隔开。在这个规划框架之下，具体开发将由私营公司来承担。

塔皮奥拉是由住房联盟(Housing Federation，是由冯・赫尔岑领导的福利组织和贸易组织的联合体)建造的第一个镇。它已被认为是建筑学上的杰作。在整个已开发完的地区，密度很低，不同的建筑风格结合在一起。公共规划师没有强加标准来约束私人设计师，而是给予他们自由的想象空间。一条放射性的高速公路与赫尔辛基相接。90%的居民拥有他们自己的住宅或公寓。

安·路易斯·斯特朗（Ann Louise Strong，1971）从规划师的角度进行了评述：

> 塔皮奥拉可能是已建成新城最成功的例子……人们希望居住在那儿，他们很满意。在芬兰社会里没有群体受到排斥……而且所有的群体都在从事他们可能做到的事情。塔皮奥拉给予他们博爱与便利，现代与舒适，优雅与自然，人气与安宁，品味与适度花费，多样化与凝聚力。这真是个陶冶情操的好地方。

然而，其他最近的评价听起来像是警告。塔皮奥拉并不自给自足，有一半的人在当地找不到工作，一半以上的人要通勤至赫尔辛基。另外塔皮奥拉在一定程度上包含了芬兰社会的典型特征，并建设了相应的住房。但城镇的设计产生了广泛的反响，以至于在需求条件提高的情况下，价格上升导致穷人被排除在外，塔皮奥拉正逐渐成为中产阶级的郊区。建筑外观上的成功可能也同时意味着它作为一个社会试验地的失败。

法国：经济学和城市规划的结合

在法国，个人主义的传统对政府干预土地使用和基建投资颇 148
为反感。与这一背景相对立的是，政府启动了国民经济和城市发展规划。二战后主要精力集中在房地产业。与此相应，国家规划主要推进不发达地区的工业化进程，特别是法国南部和西部地区，刺激八大都市区增长和抑制巴黎增长。

二战末，法国城市结构明显不同于欧洲大陆其他城市。例如，在评价很高的巴黎第16区，流动性较低的工人阶级已在该地区建立了小型的社会单元，有与众不同的街道生活和密切的亲戚和社会关系网络。很多地区仍保持着早些时候被科尔称为的分楼层(floor-by-floor)社会差异。在有些棚户区内有未规划的独立式住宅或有大量的穷人所搭建的简易房，这些地区明显与高度个人主义的郊区不同。

在法国，实行房租控制政策。经济大萧条和第二次世界大战等因素造成城市建设有几十年几乎完全停滞。由于战后人口迁移和不断上升的出生率而造成大面积的住房危机，其影响至今都能感受到(Merlin，1969)。战后政府的紧急措施就是尽可能快地建设大量住房，而不关注其选址、设施配套和住房质量改进等。

建筑业应付住房问题的唯一方法就是通过大规模生产方式建造大量的标准化公寓。这就是法国巨型综合体(grandensmble)的基础，这也被规划师用来作为其思想基础：既与过度的个人主义划清界限，也不同于棚户区，而是建设集体聚居的居住形式。这样，把社会各阶层的居民聚合到一起，就可以创造一个无阶级的新社会(Elkins，1973)。

到1964年，已经建设了200个至少拥有1 000户的此类居住区，提供了36.5万套住房(其中19.7万套位于巴黎地区)，大部分是那些户主有薪水且正养着小孩的比较年轻的家庭。撇开规划师
149 的希望不谈，居住区因为单调、缺乏配套设施和社区精神而受到批

评；也因过度拥挤和所产生的不正常的及违法行为而受到谴责；也有人认为他们是冷漠的、缺乏人文关怀的、不友好的和尺度过大等。在巴黎地区广泛使用“巨型综合体”之后，法语新造了个单词“萨尔赛勒症”①(sarcellite)来形容这种现象。但是，这种建设的确有助于解决法国严重房屋短缺问题。

虽然住房政策的焦点在巨型综合体上，但也越来越关注巴黎的其他问题。目前，在巴黎地区，人口占到全国的将近20%，商品交易占到全国的50%，大学生人数占到全国的33%，艺术家和作家人数占到65%，出版量占到54%，电子制造业占到全国的50%，飞机制造业占到56%，汽车制造业占到64%，制药业占到76%。另一方面，在国家其他地方，只有3个中心的人口超过50万（马赛、里昂和里尔-鲁贝-图尔昆地区）。

有两种政策思路：一是将巴黎地区转型为一个去中心化的都市区，二是在法国其他地方创建新的增长中心。

这些规划的发展脉络是比较有意思的。即使在二战后，法国的规划手段还很有限。但是，新的思想潮流开始出现在这个文化保守、有政治传统且高度集权的国家里。1947年，一位名叫格瑞维尔(Jean-François Gravier)的地理学家写了一本书，名为《巴黎与荒凉的法国》。这本书受到广泛的关注是因为它诊断了由于巴黎优势地位所带来的不平衡而产生的国家问题，并提出了去中心化发展的建议。在随之而来的争论之外，非常详尽地制定了一套

① 萨尔赛勒是巴黎北郊的一座卫星城，自1959年起在该城大量建筑住宅群。该词讽喻城市生活上的困难和社会问题严重。——译者

规划手段，也编制了旨在重构巴黎地区的连续性的规划（巴黎的主导地位在 1965 年的戴高乐巴黎总体规划时达到顶峰），也制定了主要是都市平衡战略的国家城市增长战略。

规划师起初的战略是试图阻止巴黎的空间增长，通过对交通基础设施的大规模改善及把增长转移到郊区主要节点等方式来降低中心区的拥堵。但是他们明确拒绝英国的绿带和新城理论，新
150 城市中心是通过高速公路系统与主城（the core）相联系。人们很快就发现之前对 60 年代人口增长的预测定在 100 万过于保守。这导致了“规划导则”——即《巴黎地区战略规划》（the Strategic Plan for the District of Paris）——的编制。这个规划将建立新城市中心看做是解决郊区配套设施不足和城市中心过度拥挤问题的唯一药方。为了确保足够的建设用地和绿地，地点必须选在目前城区的边缘。人口增长将被引导到所选定的“优先发展轴”（preferential axes）沿线上，以适应区域的自然、经济及人文地理上的要求。主要轴线是沿塞纳河顺流而下——发展势头相对较快的方向，指向里昂和勒阿弗尔地区（他们一起组成了法国第二大港口）的诺曼底。沿着这条轴线，配套了所有城市设施的新社区被建立起来了，每个都能容纳 30 万—100 万人口。很明确，这些新社区选址是切向巴黎中心的，在西北向的布局是从在核心的拉德方斯至赛尔齐-蓬多瓦兹，在东南向的布局是从奥利到埃佛里和美伦-塞朗。总共有 5 个新社区预计在 2000 年前建成。另外包括在巴黎内环线内，西至伊夫林的圣康坦，东至马克-勒瓦里的需要恢复的 6 个城市中心，其中就有已建成的取代雷赫斯而作为国家粮食市场的兰吉斯的舒瓦西勒鲁瓦。这样的计划将终结

已造成区域问题的传统单中心模式。新城之间及新城与巴黎之间将会建有交通设施，不过法国新城建设的主要目的之一在于终结英国“在乡村中的城市”的传统，而且要创造一个综合的大范围城市区域。

补充巴黎地区“规划导则”的是国家城市增长战略，这主要是在1966—1969年制定的第五个规划中提出的。战略的基本思想来自几个法国地理学者：皮埃尔·乔治（Pierre George）认为过去是区域造就城市，今天是城市造就区域；豪特鲁克斯（J. Hautreux）和罗切夫特（M. Rochefort）在其1964年所著的《法国城市体系中的功能区域》（*La Fonction Régionale dans l'Armature Urbaine Française*）一书中认为有8个大都市区的增长能与巴黎的统治地位相抗衡。因此，城市战略规划优先通过公共政策的刺激来促进里昂、马赛、里尔-鲁贝-图尔昆、图卢兹、南西-梅斯、泊德、南 151
特-圣纳扎尔和斯特拉斯堡等地的发展。

能实现规划导则和都市均衡战略目标的机制，首先是结合国家土地利用规划保持国家经济计划的连续性；其次是这些计划又作为追求区域人口更合理分布的一部分。更合理的人口分布不仅是经济学上的要求，而且是均衡发展和公平福利的要求。希望地方社区也制定与区域目标相一致的总体规划。在马赛、里昂、梅斯-南西、北部地区、塞纳河下游和卢瓦尔河下游等6个都市区建立了都市区规划管理局，编制规划期限至2000年的规划，探索长远发展前景和城市规划所需。对土地使用的地方性控制主要包括指定哪些是优先城市化地区（ZUPs），哪些是后续发展区（ZADs）。这些由地方政府确定，上报国家批准。一旦确定了优先城市化地区，国家将投放资金用于土地征用，政府将30%—50%用于街道建设，40%用于污水排放设施建设，25%用于给水设施建设，而不会拨款给后续发展区。政府也会资助住房建设。在所期望的方向还会采取各种税收刺激来引导发展。

如前所述，规划导则也提倡在巴黎盆地建设新城(Merlin, 1969)。该规划受到诸多批评，因为有些人担心有限的资金会从区域去中心规划(the Regional Decentralisation Plans)中被转移到在巴黎盆地的大规模的新城建设中去。当然，无可否认，巴黎盆地的大规模新城建设也会重组和疏散大都市区，但是会将资金从那些正在重构的都市的省回流回去。这样规划导则和都市均衡战略假定的是竞争关系而并不是他们所期望的相互补充的关系。

尽管英国的新城形态被否定，但法国的规划导则仍反映了英国思想的延伸。法国还是制定了各种各样有趣的城市化的方案，如我们前面提到的勒·柯布西耶的光辉城市(Ville
152 Radieuse)。继柯布西耶之后，法国在城市发展上的重要思想就是带形城市(Cité Parallel)。最能体现该思想的城市是位于图卢兹附近的勒米哈伊。这是个由乔治·坎迪利斯(George Candilis)设计的能住10万人的新社区，主要是为政府在图卢兹地区建立的航空城服务。它拥有的绿地面积比巴黎的布劳涅森林和文斯涅森林总和还要大，也为行人和机动车设置了相互分离的道路系统。72%的居民是居住在5—14层的公寓里，16%的居民居住在2—4层的公寓里。它代表了一个与英国新城理论完全不同的方案设计理念。

荷兰:聚焦城市化对人类的重大影响

作为世界城市化水平最高的国家之一,荷兰虽然制定和实施了一些规划,但是却没有一个城市的人口超过100万。荷兰的大部分人口住在中等城市里,这些城市散布在国家东部一个相对开敞的马蹄形“绿心”周围。这个马蹄形发展区称为“兰斯塔德”。地区内部任意两个城市间的旅行时间不超过一小时。尽管通勤频繁,但每个城市在就业和设施上还是存在明显差异。迄今为止,该地区一直通过刺激国家其他地区的增长、保障开敞空间、通过填海造新城和改善城市间交通体系等规划手段维持着这种布局。因此,目前的多核心、分散城市化模式有望继续盛行,兰斯塔德的“绿心”也就得以维持。

追求宜人性是政府限制都市扩展的基本出发点。其他国家的政府都没有如此关心城市化对社会的影响。这种关心包括保持对生活环境的选择和保护个性。兰斯塔德“绿心”和保持城市间分隔是国家的主要目标。然而,与此相反,鹿特丹与国家政府的观点相反,认为要在一个统一的欧洲中保持竞争地位,就必须寻求自身的发展。 153

为了增长而对“绿心”的开发带来了持续的压力,所以人们从几种途径来寻求对兰斯塔德的控制。移民国外是一个国家目标。在国家层面上着手制定了实体规划和经济规划。在战后重建取得值得称道的成绩之后,在政府资助计划的鼓舞下,荷兰开始实施一项基于实现环境目标的多中心的“集中的分散化”(concentrated deconcentration)政策,鼓励人民居住在四个多中心城市地区里。对低密度的独立式住宅的需求也得到满足,但有严格的控制措施避免城市蔓延。现行的规划有三方面的内容：对道路、基础设施和学校建设等直接投资，诱导私人投资；在指定的绿化地区，开发中执行规划强制标准；对那些发展中有困难的地区实行鼓励政策。兰斯塔德的增长主要沿交通线向外扩展，并以农业缓冲区隔离，从而既保护了历史名城，也保护了农业“绿心”。

与兰斯塔德相反，鹿特丹有着更为迅速的发展，是战后中心城市再开发的典型实例。它的林班街是商业街的原型，被全世界的购物中心的开发商所复制；新港口建设——欧罗港，还有政府通过征地来发展卫星城，既能保持中心城市的增长和又能控制郊区化发展。

后者也许是在西欧和北美间的城市化过程中出现的最重要的差异：卫星式社区是由政府建设，有统一的整体的建筑设计风格、绿带和开敞空间，明确规定增长方向和公共交通方式——这点不同于追逐主流的个人动机和追求利润面向小汽车的郊区私人开发。

社会主义城市

1917 年的共产主义革命标志着起初在俄国、后来在东欧城市154 发展的另一条道路。革命党人相信政府为了人类的更加美好而改造社会的能力，相信应该是充分发挥政府的力量而不是限制它的权力。他们立足于通过政府对商品的生产、交流方式，对教育和科学控制等来重塑社会。

发生在西方较早时候的伟大的现代化革命也同时在苏联出现，西方是以缓和渐进的方式来推进革命，而苏联却是以暴风骤雨式激进方式推进革命。例如宗教革命，在西方的表现是改革、反改革和生活的许多方面逐渐的长期变化，而在苏联采取的形式是武力和无神论。称为工业革命的经济革命在西方已经延续了一个多世纪，而在苏联采取的方式是对整个经济实行国家所有和国家管理来达到社会目标和加速工业化。在西方，美国和法国采用的是大革命形式，英国是通过一系列改革逐渐分散政治权力来实现民主政治革命，而在苏联则采用政权变革形式将沙皇独裁转变为共产党领导的实行民主集中制原则的无产阶级专政。知识革命在西方开始繁盛于理性时期（Age of Reason），或称思想启蒙（Die Aufklärung），所拥有的信仰是人及社会制度的完美，人有能力通过理性思考和科学实验来改善自身和社会，并能统治世界万物；而共产主义革命采取的是一种乐观的相信党和政府的能力的方式，通过科学和工业化来改造社会和社会关系，并创造一个理想的共产主义世界秩序。

苏联经验

列宁所称的“人类聚落新模式”在城市发展方面所追求的是什么？即什么是社会主义人民的城市？马列主义的经典著作已指出了实现目标的道路：创造没有社会分化和经济分化的城市；有义务
使得住房价值保持社会一体化和提供广泛的社会服务设施；城市 155
规划要适应经济规划，而经济规划将决定工业区位，并控制发达地区和主要城市的城市化速度。这样城市规划实质上就被界定为一种实体-工程-建筑的基础性职业，以被审批的形式进行高度开发。

苏联在城市发展上的成就是毋庸置疑的。在苏维埃时期，苏联通过同时进行工业化和城市化过程，把乡村社会转变为一个有影响力的城市社会，这是一系列五年计划的结果。从 1926 年农业人口占 82%，到 1969 年 56%的人口居住在城市里，而且有 209 座人口超过 10 万的城市。哈里斯(Chauncy D. Harris，1970) 揭示了苏联城市体系建设的经验。第一，城市网络中城市规模和经济实力密切相关；24 个主要城市地区有相对完整的城市等级体系，并与计划经济的行政体系相对应。第二，增长是由经济政策所引导，经济计划的演替把增长和与之关联的城市化带到距离莫斯科更遥远的地方。

其他条件也影响了城市发展过程，特别是二战后：战时的毁坏和以最低标准恢复现有城市所需的成本极高；忠实信奉单一规划标准；追求奇特的巴洛克式的建筑形式；发展最基本的只注重数量而不注重质量的工业化建造技术；在投资分配上，非常重视重工业的投资，不重视住房、城市发展和服务设施的投资。

中央政府的作用和国家经济目标的优先权表现在各级城市化中，下至已建成的新城市开发的具体自然特性。程序如下：国家规划委员会确定城市的经济标准及基本的劳动力数量，根据基本劳
156 动力数量这一数字，规划师的任务仅仅是执行现有规范，这个规范也是由中央规划机构制定且以国家标准的形式出版。如 1959 年在莫斯科出版的《苏联城市规划建设条例与规范》(由美国联合出版研究服务中心翻译)和 1963 年在莫斯科出版的《设计师手册：城市规划》。这些书介绍了将要建设的居住区的空间布局、密度、街道形式、市政管线网络等等(Fisher，1962)。苏联的城市建设基于住宅小区(microrayons，即邻里单元)，人口规模为 6 000—12 000 人，并配备相应的服务设施。

苏联国家的规划和建设过程的机械化也是本质特征。在长期忽视城市需求之后，或由于工业化是当务之急的结果，或由于遭受严重的战争毁坏，都有必要提供大量的住房和服务设施。标准化的主要目标是能使住房建设工业化，就是在工厂预制和预浇铸一些建筑材料和建筑构件，这样既可以降低成本，也可以加快建设速度，以满足对住房巨大的需求。由于重视数量而忽视质量，以至于在别处找不到会比苏联更单调的现代城市和室内设计、更简陋的建筑，虽然苏联现在正努力丰富建筑形式、公寓体量和提高建设质量。工业化的方法产生了几乎都是一样的标准化公寓楼。城市内的出行是通过公共交通。服务设施和市政设施只能满足最低需求。城市一般会拥有一个精心设计的、纪念碑式的政治-文化行政中心，围绕它的则是连续的自给自足而无社会差别的邻里单元。

单一城市规划，例如莫斯科，也还是有独特的新城风格。苏联的官方政策是限制莫斯科增长，将与其关系不大的增长引导到附近的卫星城。类似阿伯克龙比的大伦敦规划，莫斯科也规划了一系列环路。在高速公路内环之内，限制城市增长，重点放在住房新建计划上，就是由工业化支撑的标准化住房建设。这个圈层外围 157
环绕的是 10 公里宽的休闲绿带，且在绿带内禁止别墅类的住宅建设。最后，是由卫星城来容纳新的城市增长，而且也是根据标准住宅小区要求来建设。

由此形成的空间模式是与社会主义的城市发展原则相一致，与马克思和恩格斯所厌恶和痛恨的欧洲 19 世纪的工业城市化相反。一位波兰规划师解释了这些原则（Fisher，1962）：通过正式的规范和标准体现了社会公正的原则，标准和规范只是根据预测的人口数量而不是等级差异来规定人均用地面积、人口密度和服务数量等。不同城市家庭使用环境的唯一的差别在于家庭成员的生理特征不同。新居住区和城市的功能结构与空间结构相对应，归因于开发的是功能相近的邻里单元和社会主义城市社区的社会理念。

俄国社会主义对东欧城市的影响

自二战以来，虽然城市开发风格迥异，但是这些原则一直被应用于整个东欧：(1)战后重建时期，住房以尽可能快的速度建设(华沙是个例外，其重建过程非常小心，因为它作为波兰的象征，要恢复到它在 1939 年的原样)；(2)“斯大林式”(Stalinesque)的大规模开发时期；(3)“后斯大林现代化”(Post-Stalin modern)时期。

在斯大林主义时期，有一种强烈的意识形态上的声音，即社会主义城市应该明显不同于西方世界的城市，应具有统一的特征，且与社会平等目标相一致。那时的东欧城市规划体现了苏联的重大影响，其实就是照搬苏联的程序、规范和规划。建筑体量巨大，“绝对巴洛克式”(absolutist baroque)的城市规划的典型就是东柏林的“斯大林街”和布加勒斯特的北大街，两侧的露天民俗博物馆和科学院向游客致意。在这个时期，也建设了一些社会主义新城，但
158 设计完全不同于西方。这些新城有：波兰的诺瓦胡塔、匈牙利的杜纳基瓦洛斯(也称为多瑙新城)和南斯拉夫的铁托格勒等。这些新城是为了某些特定的经济目标——为钢铁厂的工人提供住房或者是区域行政中心而建设。它们的形态简单，中心是行政-文化广场，并有放射性道路延伸出去，道路两侧是大量的 5—9 层的居住公寓，每套公寓有 2—3 间的家庭用房或未婚工人的单身宿舍。靠

近这个城区是提供就业的经济单元。

在这段时期，应用在现有城市上的社会主义原则开始对它们的空间形态和社会结构产生重大影响。例如，俄国式的社会主义在东德城市所产生的效果足可以将它与西德区分开来，说明用国家的直接规划代替市场的方式已经减少了地区上的特征差异和隔离（Elkins，1973）。中央商务区（the Central Office-shopping Core）的扩展已经停止了，零售业的形态也发生了变化。通过搬迁工厂而空闲的土地用于开发公寓楼，人们又被带回到中心城市。对制造业的重视导致那些配套有住宅的大工厂散布在城市各个地方。由于新居住区开发都是高密度的公寓，所以城市内部差异被消除了，而且社会隔离也被消除。住房政策是优先为那些拥有孩子的年轻家庭、重要岗位职员和生活条件很差的家庭提供新住房。因此，居住区的年龄和居民的年龄之间有较强的相关关系，这样形成了社会性混杂街区，住房作为区分社会地位的一个因素实际上消失了，只有知识分子和政党领导人才能住在与众不同的居住区。由于不怎么依赖小汽车出行，因此，所有的居住区都临近公交设施。类似的变化在整个东欧国家也报道过。

然而，自从出现了种类繁多的斯大林建筑风格后，规划过程和目标也在不同国家有不同的体现。虽然马列主义原理和在城市规划实践中的应用正在被重新认识，但有些特征比较突出，而且一直 159
沿用，如标准化、关注城市最佳规模、对城市中心的独特观念、邻里单元的开发等（Fisher，1962）。

但是这些表现为社会主义城市的本质也不是一成不变的。只有在大规模建设的情况下，工厂预制构件的建设才会证明是经济的，像波兰、匈牙利和捷克斯洛伐克等国家的大城市里都是那样。在其他地方，还是主要依赖传统建造技术。尽管公寓住房和廉价公寓在整个东欧都已经国有化了，但不是所有的城市土地都是如此。虽然通过区划严格控制土地和出于公共目的进行征用土地，但许多土地仍是私人所有。例如在匈牙利，每年都有大量的公共用地被划分成小块，由政府出售用于建设公有公寓、独立式住宅和周末度假屋等，而且在布达佩斯，这样还造成了一定程度上的社会分异：在西边的老布达城区是精英邻里，而东边的老佩斯城区则是工人阶级社区。

大多数东欧规划师正寻求创建不同于斯大林式巴洛克风格那种纪念碑式的和具有政治-管理功能的城市中心。虽然他们都认可邻里单元的开发方式，但这些单元的特征应该不同。最后，所有国家都关注基于地方主要的经济功能的“最佳”或“均衡”的城市规模，而且在所有情况下，他们下意识地认为大城市的增长应该被遏制，而且新城和卫星城应建在大城市周围。

关于城市目标的持续争论

因此，在整个东欧，最终导致欧洲新城政策的传统西方思维也被纳入其中，于是在选择城市未来的作用时，意识形态再一次出现问题。在社会主义国家里，人民的信念决定了他们努力创造的未来，但今天在苏联所看到的是对所期待的城市未来的争论。

160 这样一个广泛流传的争论发生在两位对苏联城市规划过程有影响的学者之间：地理学家霍列夫（B. S. Khorev，1972）和经济学家佩列韦坚采夫（V. V. Perevedentsev，1972）。霍列夫认为苏联应该继续努力发展与马列主义原则相一致的城市化新模式。他写道:劳动力第一次大分工导致了工商劳动与农业劳动的分离,也即导致了城乡分离。在阶级社会里,这种分离导致了城市与乡村的对立。但是在共产主义基础上重建的没有阶级差异的社会里,城乡差别也会随之逐渐消失。

> 聚落的长期变化和城市增长,实质在于城乡差别渐渐消除,形成统一的聚落体系,规划管理有助于防止偶然和失控的城市增长。

根据霍列夫所说,马列主义的经典著作提供了实现目标的途径:根据某一规划来协调生产力的发展;大规模工业和人口在全国统一布局;加强工农业生产之间的内部紧密联系;扩展运输方式;降低大城市人口集聚程度。现在,他认为:

> 我们已经经历了工业生产和城市人口的集聚过程。革命性的变化正在导致一套单一聚落体系的建立,为了社会利益,通过规划方式,建立一个功能明确、结构与城镇网络相互关联,并且统一的区域规划体系,能将人造环境和自然环境完美结合的空间组织类型。

佩列韦坚采夫则质疑这个观点。他认为,城市规划的文献中充斥着过度增长、过度开发、过度集中以及过度饱和的工业。“我曾经通过不懈的努力去探寻这些提法在作者头脑中是什么东西。

唉，可是我仍一无所获。在这儿，任何东西都是过度的。”他引用霍列夫的著述：“我们的大城市和特大城市过度的增长是不适宜的，
161 也不是所期望的。”佩列韦坚采夫质疑到：“那么过度膨胀是从哪里开始的？什么样的规模才算是过度膨胀？”他说：“追求最优规模和过度膨胀的标准是徒劳的。”因为社会劳动者的生产力一般被认为在分配生产力时效率是首要标准。而且统计显示，大城市的劳动生产率比小城市高出好几倍，而特大城市又比大城市高出好几倍。例如，人口超过 100 万城市的工业劳动生产率比人口 10—20 万的城市高出 38％，资产回报率也是它们的两倍多。

佩列韦坚采夫也指出，试图通过加强移民注册登记制度来限制城市增长是低效的。“很多大城市在很长时间里人口登记的数量非常有限，登记的数量增长，其他也就跟着增长。”这里的数量增长问题绝不是由于人口的自然增长（出生率大于死亡率）造成的，因为在大城市里人口自然增长是微不足道的。例如在莫斯科，1967 年人口自然增长是 1.7‰，也就是说全莫斯科自然增长的人口共 1.1 万人，而莫斯科每年增长的人口要超过 6 万。对人口流动进行行政管理已证明是极其无效的，它能成功的地方就是它只会导致人力的短缺，也就是说国民经济中的工业部门和其他部门不能充分挖掘它们的潜力。许多城市缓解人力短缺问题的方法是增加郊区到城市就业的通勤人口，这个代价是很高的。许多通勤者每天要花一个半小时或两个小时在路上，如果加上在城市里的交通时间，有些人出行时间会更长。在莫斯科，他们通勤到工作地的距离有 100 公里甚至更远。

佩列韦坚采夫在苏联所看到的是，由于国民经济结构性调整，

在不久的将来，人口还会继续在几个大城市集聚。第一产业——农业和采掘业的就业人口比重正在下降。而制造业和服务业的就业人口比重正在增加。但采掘业只是小城市的产业，而制造业才是大城市的产业。提升工业生产率的经济改革将推动这一趋势。162
大城市里不断提高的企业效率将不可避免地促使其优先发展。当然，在大多数情况下，重组企业比新创建企业有更多的优势。而且，由于科技人员在职工增加的比率中占第一位，那么科技在经济中的份额也将迅速提高。在苏联，科研是城市的重要产业。最后，已经落后于国民经济其他产业的整个服务业，必然选择到人口集聚的地区。它对城市发展的重要性会越来越强。社会因素也将起到越来越重要的作用。随着人们休闲时间的增加，大城市变得越来越有吸引力。工作之余的交流也变得越来越重要，为此所需要的条件，小城市是无法与组织完善的大城市相比的。于是，城市增长的国家政策必须基于对不同规模和类型城市的缺点和优点的准确认识。要做到这点，有必要学习经济、社会、人口学、公共卫生和其他有关城市增长方面的知识。就现在而言，他认为，有关这些因素的认识显然不足，而就现有理论来说，应该是发展大城市而不是反对大城市。在苏联，很明显，持续的人口集聚趋势是非常可能的，而在这个时候西欧，分散化正在改变着城市地区。163

第五章　20 世纪城市化的不同道路

也许近 10 年有关城市化社会影响最广泛的论文是社会形态集聚。持此观点的重要代表人物之一肖伯格（Sjoberg，1965）写道：

> 世界各地的工业城市在社会结构的许多方面正日益变得相似……随着技术变得越来越复杂，许多结构要求的界定变得更加精确……现代技术……包括了科学方法。反过来，科学方法似乎支持一种引起并促进民主过程的思想观念以及现代行政体系中诸如普适主义和重视功绩等规则，同时它又被这些思想观念和规则所支撑。

前面几章中的安排存在一种逻辑。城市化经验的范畴包括从放任的个人主义环境到社会主义国家集中化指向的环境，就相反的视角而言形成激烈的争论。现代主义已经不再意味着常规知识中的西方主义，即我们在一开始时就论述过的有关城市化对人类影响的沃斯理论，这是因为沃斯理论与 19 世纪的移民城市在时间和文化上存在联系。在 20 世纪，北美多种社会理论被用于解释城市化的影响。同样，在第三世界，需要多种概念为不同文化背景国家的当代城市动力机制提供综合的理解。出于社会和经济公平的缘故，这些国家新的政府正在努力控制城市化，将其置入比那些源于不受束缚的城市增长的思想更为可取的形态。可以观察到，出于此类目的的有效规划正日益成为西欧再分配福利国家的标志，在这些国家可以看到，城市增长已经被置入同霍华德和勒·柯布 164
西耶的乌托邦形态相称的新的自然形态。最后，在社会主义国家中央集权经济条件下，对城市化的控制已达到最大限度。社会主义的城市规划是在这样的环境条件下进行的：社会地位和邻里差异已经减小，持续的住房短缺消除了个人选择的自由。

社会-政治基础

按照社会-政治形态的序列，加入公众参与，让城市化产生社会影响，而不是那些传统上源自增加城市人口规模、密度和异质性的影响。的确，也许 20 世纪城市化最重要的人类后果可能是试图改变对 19 世纪城市化影响本质的认识，即通过强行的方式产生更为人性化的城市环境。进一步来看，在接下来的数十年里，城市化过程将以一种相近的方式在比今天更多的地方进行。即使在中央控制较弱的地方，也存在着现实的压力，因为政府转向在政策层面上去改变城市的未来。正如卢德温（Lloyd Rodwin，1970）所说："在二战前几乎没有人希望中央政府来决定城市应该如何增长。如今，仅过了一代之后，世界各地的国家政府正在采纳或被迫采纳城市增长战略。"进而，他总结指出"技术、分析和规划方法的激进变革使得城市体系发生重要变化，不仅是可行的，而且在某种程度上是可操作的。”公共干预的多种形式、目标追求的多样性以及从一个社会到另一个社会在操作程度和可操作性上的差异等因素，结合在一起，产生了越来越多的谨慎城市化路径。这使得理解社会-政治形态和城市化的关系变得更加重要，因为社会-政治决定
165 公共规划类型。从这个意义上来说，我们只能在与文化过程紧密相关的广阔范围内去理解城市化。在这些过程中，规划增加而不会减少现代化进程中社会选择的范围。然而，与此同时却会限制个人选择的范围以便符合社会路径的选择。

自由企业动力机制

自由企业、去中心化和市场导向制度是这一广阔范围中的一个极端。在这种社会中，私人和团体做出决策，在市场条件下他们通过供求关系相互作用。依据所有权和物权赋予的政治和经济权力被广泛传播和在竞争中运用。集体或政府行动主要用于保护和支持市场的主要组织机构和维护必需的权力分散。这是经典的 19 世纪模式，今天仍然是美国、加拿大、澳大利亚发展的基础。

在竞争体制下，成功带来地位和权力，地位和权力反过来使成功者能够选择自己的城市化道路。当然，权力意味着对政治制度的控制，并且这种权力被运用来保护私有土地市场中的物权，以及维护成功的果实和取得成功的竞争体制。当私人发起的创新引起社会变化时，公共角色被限定于同威胁社会主流的危机作斗争。法律制度也主要是调节性的，其功能是维护已建立的价值。事实上，美国法律对城市建设调节方法的依赖，意味着城市规划作为社会变化中的建设性要素作用减弱（Warner，1972）。规划实践已明

显表现出低效率，尤其在应对巨大的冲突时更是如此，如国家州际高速公路系统建设和其他由公共机构承担的重要公共工程，因此，需要将工程分包给私营盈利组织。在改善贫穷方面，也没有取得任何成功。与此同时，财政体制向城市政府分配任务但不提供资源，从这种意义上看，美国和加拿大公共部门，持有自由企业意识形态并形成由这种意识形态所维持的分散化政府，其绩效必然拙劣。 166

所有问题的症结是维持开放竞争的要求。在美国，对土地私有和劳工市场的信奉不可动摇，欧洲社会主义再分配福利制度、大量的公共住房和合理的城市投资被回避。一方面，美国城市之间存在差异；另一方面，加拿大、澳大利亚城市之间也存在差异。这些差异不是发现于源自对竞争性私人生活方式的不同回报模式中，而是发现于根深蒂固的白人种族主义中。白人种族主义作为美国文化的一个另类特征存在。

有组织的市场讨价还价

正如第二章所阐述的，组织规模的日益增加和权力集中是当今新兴工业化和后工业化国家的主要特征。随着经济规模和官僚机构的增加，社会和经济变化的动力机制发生了变化。主要的发展决策是通过大规模自治组织之间的谈判以及以利益为导向（但不一定追求利益最大化）的志愿团体来制定，而不是通过市场引导的“手”来做出。这些组织和团体相互补偿与被补偿、一起谈判并存在于谈判关系中。将权力作为一种政策手段或者通过平衡权力来取得一致。在此条件下，大公司生产组织负责股东利益，而劳工通过大型工会来进行工资谈判。最终产品的消费部分地由个人选择决定，部分地由政府政策决定。组织的集体力量，政府的集中力量以及个人的自由选择构成系统的各个部分。因此，“市场”不再是单一的主宰。相反，寻求“满意的”解决方法的复杂谈判趋于主导；“最大化”被“满意化”取代；出于公司发展目标，每个大规模组织，经常通过系统分析工作人员的处理来帮助他们选择理想的行动方向，进而制订计划。

在这种情况下，公众在城市化方面开始扮演自信且拥有同等
167 力量的反抗或领导角色。这样一来，尽管在澳大利亚许多城市，广泛流行的城市增长方法似乎允许随机的、未经规划地发展，并且只要与房地产市场的波动相符合，这类发展就可以进行。然而，如今人们对这种自由主义城市的不满日益增加。例如，维多利亚州任命一位去中心化部长，他负责在 2000 年前将 50 万人从墨尔本迁到外围的乡村。而且，维多利亚城乡规划委员会发布了一份“战略规划报告”，在报告中陈述了战略规划和安排的四个部分：面向未来增长的城市土地利用模式、城乡土地转换类型、交通系统和公共设施系统。需正视的是城市增长控制，一方面根据基本市政工程和服务的需求，另一方面根据开发的内容。因为二者都是私人开发所必需的前提条件。报告指出：私人住房和产业发展可以并应该由基本的基础设施决定，如铁路线、高速公路、煤气、电力、远程通信、水、排污、主排水系统、学校、医院等。

在发展过程中，公共参照的观点在法国和日本得到进一步的发展。第四章讨论了法国的案例。日本战后人口和经济活动加速集中化。至二战结束，日本已经成为一个高度集权的国家。自明

治时代(日本现代化开始时期),民族主义已经成为日本发展政策的基础。民族主义还赋予其他权力,特别是引导工业分散发展以及阻止向主要城市移民。然而,民族主义教条在日本的太平洋战争战败以后经历了很大变化。伴随军事占领的强制政策,民族主义作为日本人生活的精神驱动力已经消除,取而代之的是含有竞争性利益团体的美国分散民主权力结构模式。如今许多日本人认为,因为满足政治分权化,中央政府控制减少了,这在城市中产生
了灾难性的影响。反过来,这允许人口和经济活动加速集中化,作 168
为经济增长驱动力的一部分,它牺牲公共和私人消费来推动资本形成。早期出现的主要发展问题是土地稀缺和环境污染。

在二战末期,日本的大城市遭到毁坏。东京76.8万套住房(占住房的56%)被毁坏,51%的人无家可归。但是,战后的东京比日本其他城市恢复更快,从而导致大量移民从其他被毁坏区域迁入。尽管事实上从1945—1964年建设了150万套住房,其中3/4由私人企业建造,但许多贫民窟也应运而生。时为东京都知事的安井诚一(Seiichi Yasui)依据《国家首都区域发展法(1956)》成功地为东京制定了专门立法。依据该法律条款,为了“管理”和“调节”东京日益增长的人口并制止其蔓延,东京通过综合性的规划来解决由人口和产业过度集中造成的问题。这些规划遵循早期阿伯克隆比的大伦敦规划中的原则:城市的建成带可以识别;建设一条12公里宽的环形绿带(虽然规划力量不足以提出足够充分的证据来支持它);在绿带之外建设新城用于容纳大都市额外的增长。但是,这一立法被证明是无效的。为了取得额外的权力,1962年颁布的《新工业城市建设法》引导工业迁往较小的城镇,完善了

1959 年制定的《国家首都区域建成区内的工业和教育设施建设限制法》。

后来,联合国调查组将类似的政策推广到范围较大区域的管理中,例如在阪神(大阪-神户)及其邻近地域,就是依据 1965 年的《近畿地区调整法》。在 1966 下半年,议会为名古屋通过了《中部地区区域发展和调整法》。然而,由于国家加速经济发展规划,造
169 成对国际市场高度敏感的经济活动加速集聚,但制定的规划却分散了人口,这就产生了一种政策矛盾。为了努力消除这个矛盾,依据《新工业城市发展促进法》条文,在北海道、四国和九州等地规划了 16 个新城。但是,因为地方政府出于经济发展的竞争态度,尽管在国家层次上对协调行动有着明确的需求,其收效甚微。

在 60 年代后期,开始编制《新全国综合发展规划》,其目的旨在按法国规划方式将国家发展政策作为地方政府规划的宏观背景,指定增长区域和非增长区域。这一行动产生于一种危机氛围中,即感受到地方决策必须让位于国家目标,前提是集中发展的规模不会造成日本海域发展在环境污染方面的失败,这些污染早在战后工业和城市不加控制的增长时期已经产生。正因为如此,《新全国综合发展规划》被颁布,日本进入寻求全国性和大范围发展政策的阶段。过去的日本城市化过程是工业城市化与亚洲生活方式共存、东西方独特文化的混合体。但是,如今日本试图制定城市政策。一方面,通过社会组织实现每个人的最低生活保障来平衡经济效益;另一方面,使每个人能够选择居所,并利用本地创新技术从许多可能选项中找到工作,而不是盲目地采用西方不同的文化条件下形成的假设和前提。

第三世界

在第三世界，众多国家对积极有效的规划和行动的追求日益增加。第三世界国家城市组成了多种多样的马赛克，与传统的自给自足的、自我调节的、半自治的、主要为工业化前期的小型社会同时存在，并被战后现代化所改变。权力机构的传统形式和殖民 170
主义的集中控制已经被一党专政政府或军事独裁者所取代，导致频繁的政府更替和公共管理作用有限，公共部门弱小。沿地理、种族和现代-传统的交界线出现经济断裂，市场不完善，现代经济制度有限发展，工业发展受限，农业处于持续的主导地位，人均产出低且市场依赖外部经济关系。

然而，也出现了快速的城市增长。首位城市及其相联系的周边地区形成一定规模的城市体系，社会问题成堆但还可以察觉到增长，国家城市规划作为控制社会和经济变化的安全手段的依赖逐渐增加。同时，进行新的激进规划与政策试验的意愿逐渐增强。第三世界国家追求权力、控制与规划。在创新性规划方面，西欧福利国家可以作为例证；在更为完全和有效控制方面，东欧和苏联指令性经济可以作为例证。与此同时，许多国家寻求保持他们传统文化中的重要元素。因此，在此种情况下现代化和西方化并不是同义的。

西欧再分配福利国家

西欧福利国家的激进主义包括：通过对自由企业制度和 20 世纪大规模政府行为遗存的改进来减少社会和空间不平等，在医疗、教育、就业、住房和退休金等方面向每位公民提供最低的物质福利保障。这通常通过不同的税收和福利支付来实现，但它还涉及更为集中的、范围更大的相关决策。这些决策设计，除了用于满足其传统经济功能外，还要使市场制度满足社会目标。在这种方式下，出现了改善或混合资本主义经济，其标志是多党政府条件下的多元社会，相对高的发展水平和人均产出，必要的持续增长能力，以及相当多的公共部门，并伴随有复杂的私有市场和“现代”经济
171 组织。

在这些案例中，城市化过程中的公众参与被看做比私人利益更重要。通过引导社会目标趋向再分配和平等，竞争机制被重新定位。通过在现有城市建设大量住房，以及建立新城，公众成为发展的领导者。城市化也被导向新的方向。

社会主义指向

在社会主义国家，领导和行政命令至关重要。这主要在于社会主义国家是单一政府体系，由一党领导，国家掌控非农产业（在某些情况下也包括农业）和国民经济的集中领导。每个社会主义国家显示出对经济增长的强烈责任追求。但是，在社会方面减少了许多基于经济收益的身份差异，而经济收益是自由企业竞争的标志。在城市结构上能够看到更多的统一性，缺少专业化，与之相伴的是更加系统化的生活方式和建设模式。在一系列清晰的制度及相伴的程序条件下，行政命令比较容易发布。在这种方式下，社会主义条件下的城市发展，既是官僚主义的，又是标准化的。

四种规划形式

四种规划形式的关系可以从上述的社会-政治关系中辨别出来：应对性的或改善性的问题解决型、分配趋势调整型、开发机会寻找（发展导向）型以及常规的目标导向型。综合考虑方法与结果以及从过去到理想未来的路径，作为城市未来发展的决定因素，这些规划形式涉及在一个更大的封闭和控制系统中能够取得的进步成就。四种规划形式的描述见表 8 以及图 18。然而，正如现在可以证实的，它们是图 17 中所示的更为一般政策模型的变形。

如果我们能够辨别城市系统中的两种输入类型（外部力量和政策手段）之间的差别，以及引起两种不同类型的输出（难以预知 172
的结果，或“问题”与追求结果，或“目标”），我们就能理解上述城市政策的一般模型。据此，模型可设想为一系列箱子（Box），如图 17 所示。在理解这些部分时，我们首先需要认识第 1 个箱子遵照“系统”行事。城市系统由个体和机构组成，他们在自然和文化过程相互作用组成的环境中共存，并拥有一系列已形成的传统或价值。

这类系统是开放的，而不是封闭的，其变化受到来自内部力量的影响。它们的本质是“过程”而非“地方”；它们是连续运动，影响变化的动力机制高度复杂且有一定的规模，在其中相互作用再强化，张力也在增加。进而，张力刺激所谓的城市危机并产生“城市问题”作为一种输出类型。

遗憾的是，城市系统中这种变化的大部分显示出无目的性。并且由于缺乏目标感，经常对结果满意度低，并且仅仅局限在一些

城市问题上。因此，制定城市政策的目的主要在于确定城市体系的整体目标。这是国民和市民领导的责任。这些政策必须是未来
173 导向型的。它不能局限于过去产生的问题，以及仅仅限于现在产生的问题，它必须预测未来可能产生的问题。确切地说，它必须构筑城市的未来。

表 8　不同的规划模式

	适合目前关注的规划	应对未来发展的规划		
	对过去问题的回应	对未来预期的反应		创造理想的未来
	问题解决型	分配趋势调整型	开发机会寻找型	常规目标导向型
规划模式	对于目前的规划	面向未来的规划	关于未来的规划	源自未来的规划
	分析问题，设计干预办法，权衡资源分配	决定和制定最佳趋向，并根据提升或改变它们的预期来分配资源	决定和制定最佳趋向，并分配资源，以利于发挥潜在的优势	根据理想的未来做决定，并分配资源，以致发展趋势可相应改变或产生新发展趋势。理想的未来可能基于现状、预期的或新的价值观
行动的目标或短期结果	改善当前问题	希望感 新分配转移活动	战胜命运感 新分配转移活动	创造命运感 新分配转移活动
174 行动的未来或长期结果	随意更改未来前景 通过减少未来负担和当前问题的后遗症来实现	温和的平衡和更改未来前景 通过避开预期问题和获取“均衡”过程来避免创造大的瓶颈和新问题	不平衡和更改未来前景 通过利用预期的优势，避开一些问题，也不考虑会出现其他问题或担心出现新问题	广泛修改未来前景 确定“将会是什么”来实现。并且通过改变价值或目标来改变预测，获取与理想相匹配的结果，避免或改变问题使其容易处理或容忍

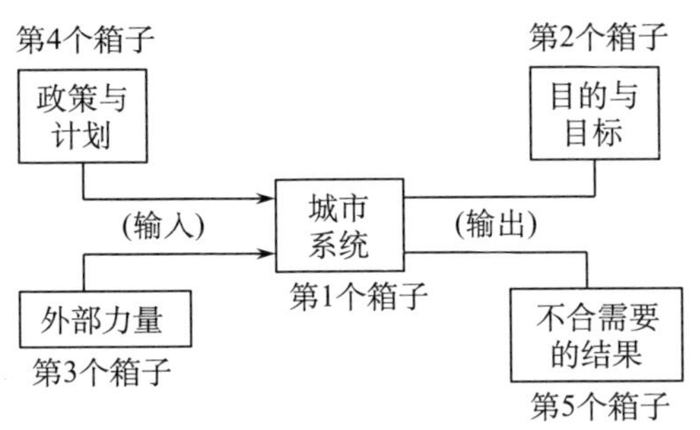

图 17　城市政策模型

这将我们带到政策模型的第 2 个箱子，它包括目的和目标。建设性的城市政策被看做是对获得长期目标和实现特定目的(通过趋向于目标实现的方法)的引导。但是这避开了一个主要的问题。城市系统是目的论(这是有目的的)的吗？可以使它们成为目标指向并通过积极的政策和规划来管理吗？或者，城市系统仅仅是一系列经验性条件或事件(至多市民社会对其负责)？不同社会已经用不同方式回答了这些问题。正如我们所见，在规划过程中，图 17 所示的政策模型具有各种不同的版本。

每个城市系统都存在于一个受文化和历史约束的世界中。不可避免地是观念上的权宜之计而非政治智慧将阻碍发展；愚昧总是强烈有效地阻止城市化过程的理性化。土地法律制度和过时的政治结构有可能使达到目标或实现暂时的目的变得困难。换句话说，这些严格的约束性力量趋于激起负面政策，旨在阻止相关变化发生。作为一种结果，城市规划经常承担应对性的、医疗式的角色，仅仅对危机作出反应以及努力清除危机的“束缚”，用一种更好的表述方式，我们可以将其称为“大杂烩”(见第 5 个箱子)。

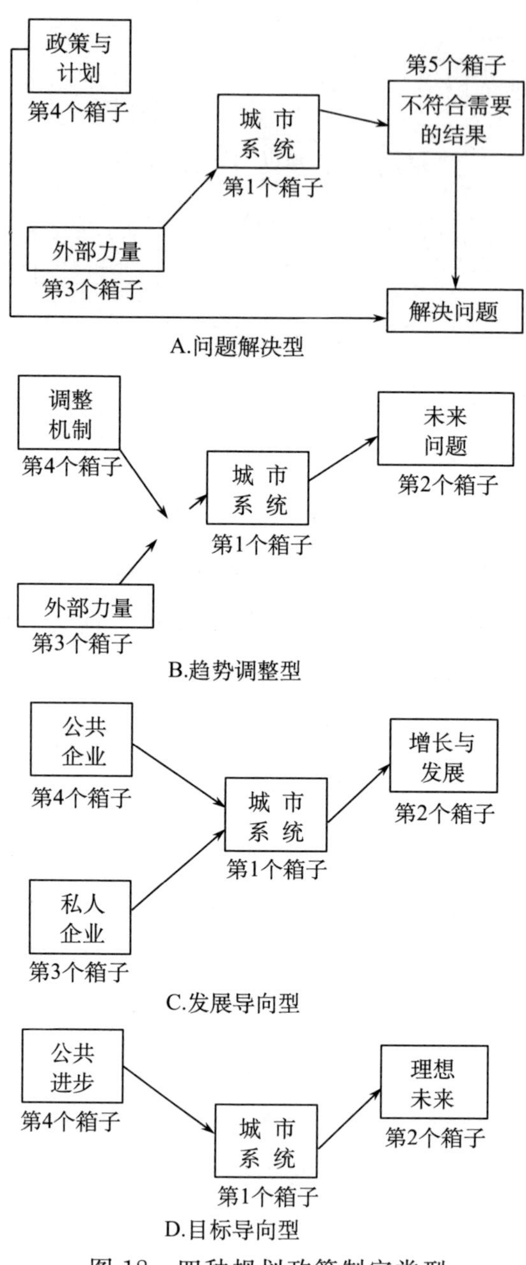

175

176

图 18　四种规划政策制定类型

模型的第 3 个箱子关注外部力量——所有那些进入系统的输入都影响未来的行为，输入的原因依赖于城市政策制定受到的影响，如战争、通货膨胀、出生率及国民生产总值（GNP）表现。GNP 的轻微增长比规划师努力吸引产业进入社区更能促进城市的经济增长。政策制定者不仅必须要有城市系统内部结构的知识，而且必须对来自系统外部及能量运行的外力相当熟悉。

现在，我们可以转向政策制定者，他必须理解他所处理的城市系统的性质，并对外部力量的影响具有一定的洞察力，将政策置入 177
城市系统来获取预期目标（第 4 个箱子）。他可以设想的政策类型大体有三种：涉及社会和自然环境的政策、涉及公共机构结构的政策、涉及系统中建立价值的政策。首先，政策制定者必须决定问题的性质。他必须知道他是仅仅改善当前的问题，还是设计蓝图供未来选择。他有在一定范围可以支配的政策，但根据系统运作面临的内外部力量，他必须知道所需要运用的政策类型。这样，政策变得工具化，即“杠杆”被“牵动”是为了导致系统内的变化——通过变化来改善条件或控制发展或创造理想条件。“政策是否有效”或“它们是否受到更强而有力的外部力量的压制”，依赖于政策制定者对问题的理解程度以及政策执行者为其提供的工具与控制的有效性。这些政策必须通过计划来实施，这些计划可能有效也可能无效。如果实施很差，最好的政策也是无效率的。

未来决定因素之间的关系

我们现在处于这样的位置，即可以理解表 6 和图 18 所示的四种规划形式之间的关系。最常见的是问题解决型——按照自然趋势什么也不做，直到问题出现或感知“预料外的功能紊乱”存在时，采取纠正或修改行动。这类“应对性”或“医疗式”规划通过研究“问题”，设定功能紊乱可容忍的接受水平标准并设计方法使问题降低到可接受的程度来推进。集中关注当前的问题，忽视对那些过去已经发生过程的持续关注。从过程观念来看，这类规划是过去指向的。并且，暗含的目标是对过去“主流”价值观的维持，主要通过缓解问题来解决。

178 规划的第二种类型是分配趋势调整型。这是“应对问题解决型”的未来导向版本。当前的趋势是面向未来的，并且大体上问题是可预测的。在规划程序中，通过设计调整机制来修改发展趋势，以便使已有的价值在未来得到维持，避免可预知的未来问题。诸如凯恩斯主义的经济规划（通过谋划高速公路建设来满足预测的未来交通需求），或者总体规划（使用分区条例与建设规程作为公共参照）。

规划的第三种类型是开发机会寻找型。进行分析不是为了辨别未来的问题，而是寻找新的增长机会。紧随的行动追求那些在可行性与风险方面最有利的机会。在这种情况下，企业家们共同规划。房地产开发商、实业家、私人风险投资者以及公共企业家代表私人利益，或者作为国家领导者关注已经存在的开发领导权关系。正如阿塔图克人建立安卡拉，或巴西人开发亚马孙一样。正是在这种最近的情况下，已经发展的战略规划概念被进一步发展开来。

最后，规划的第四种类型是常规目标导向型。基于对未来预期的设想设定目标，政策设计和规划实施用于引导系统朝着目标发展，如果目标不能实现，就用于改变现有系统。这一类规划涉及系统分析的控制论方法，并且当社会在封闭条件下才能达到预期的结果，例如，通过充分控制和强制力量来确保输入产生理想的输出。

四种不同的规划类型具有明显不同的长期后果，涉及从“应对性问题解决型”对未来没有计划的调整（通过发展趋势的微调来提高现有价值），到由企业利益追求引起的极端不均衡变化，再到对预期的特定理想未来的创造。很明显，在任何国家必定会存在所述规划类型的一些混合，但是同样地，主流价值系统决定优先的政策制定和规划类型。因而，在不同社会决定其未来发展时对关键角色的假定存在明显不同的过程。 179

公众支持的私人开发类型，以美国的情形最为典型。它涉及主要的利益团体之间的讨价还价，主要通过应对性的或管制性的规划保护开发利益，以确保美国城市未来沿着现在的趋势发展。它只有作为美国公司“开发机会寻找型”规划产生变化影响的一个结果时才发生变化。

在另一方面，社会与政治的等级制度（其中统治阶层习惯于统治，其他阶层习惯于默默服从，并且私营部门拥有相对较少的权力）要比市场摆动、地方政治管辖权限或平等主义政治过程条件下的制度更容易推动国家层面城市与区域增长政策（Rodwin，1970）。这是城市增长政策在英国比在美国更早发展的原因之一。控制包括几种类型。最基本的是土地利用，通过与将理想未来的公共概念系统化并欢迎私营部门寻求发展的规划相结合得到有效管制。它是下列国家或地区城市发展的基础，包括英国、瑞典、法国、荷兰以及以色列有限的私有单元或南非被指定的白人区等。可以补充的是，这类情形在澳大利亚新首都堪培拉规划中得到体现。为了理解在这些情况下的发展结果，人们应该了解介入发展过程的私营开发商或公共机构的预期，也需要了解编制总体规划时规划师的设想。它是最终塑造城市事件的两组重要力量。在英国，彻里(Cherry，1972)得出如下结论：规划师对未来的想象基本上是保守的，旨在将一种信念置入对未来的设计中，该信念认为中心性是城市秩序永恒的需要，这导致了对正在北美迅速消失的城市形态的保护。在第四章，我们注意到在英国和欧洲大陆新城规划中存在概念差异。这些差异强调的是乌托邦形象的重要性(这一形象在专项规划中反映)以及公共参照约束私营部门功能的有
180 效性。

19 世纪社会改革者的意象在苏联比其他任何地方更显著，在苏联是为“社会主义人民城市”做规划。“混合”经济的公共参照，反映了 19 世纪工业城市化的人类后果的影响。它已经被社会主义国家及其他受监督社会的目标导向型规划所取代。如果一个人想理解混合经济条件下的城市化及其影响，他必须了解私人和公共力量的性质和决策。在指令性社会，人们必须了解国家目标和规划师的思想观念，在过去的 1/4 世纪中最重要的观念是现实主义。现实主义寻求使未来的目标能够成为现实。

韦伯总结指出，试图改变城市化性质的历史，在他所处年代，是一段失败的历史。如今我们必须得出不同结论。在能够获得手段和目标闭合的社会中，可取的未来景象正成为未来发

展重要的决定因素。政治力量正成为影响城市化过程的一个重要因素。将规划的意愿和可能成为什么的想象结合考虑，它能够用以指导产生新的社会形态与结果，使一个社会能够创造它相信的“应该成为什么”，而不是将“现在是什么”或“已经是什么”延伸到未来。181

第六章　差异化加强：20 世纪 70 年代以来的城市变化

从写前面的几章到现在的 10 年中，尽管抑制规划增长的热情未减，但 70 年代所呈现的城市形态快速变化与城市过程的差异化加剧了。美国经历加速分散化，并出现“逆城市化”的巨大推动力。在西欧和其他新市场经济社会，规划师曾经表达的许多希望和幻想由各种发展力量的平衡转向去中心化。在社会主义东方，在发展中国家增长速度遭到质疑时，也存在人口的去中心化倾向，有些人口去了较大城市，有些去了较小城市。的确，在 1974 年、1976 年和 1979 年，联合国统计分析人员大大减少了对第三世界城市增长的幅度估算。因此，使用联合国 1974 年和更早年份估计的调查者通常同意瑞纳德(Renaud，1979)的结论：

> 发展中国家的城市化速度比那些发达国家历史上所经历的城市化速度更快……这种快速增长的城市化水平适用于人口仍然在飞速增长的国家，其人口增长速度通常为经济发达国家所经历增长速度的两到三倍。

另一方面，莱登特和罗杰斯(Ledent and Rogers，1979)采用

1979 年联合国资料进行检验，得出了另外不同的结论：

> 实证似乎表明……城市化过程慢于如今更为发达国家的历史模式，城市化和经济增长的联系看起来与“过度城市化”理论家所断定的方向背道而驰。 182

传统理论和并不过时的预测已经明显地被发现存在欠缺。纵观全球，城市发展进入历史转折期，但关于将要发生什么尚未达成一致。在西方，一些学者认为日益萎缩的城市到 21 世纪早期将彻底过时；另外一些学者则预测新聚落模式的出现，这将构成五千年城市演化的最高峰。与此同时，在发展中国家，最普遍的预测是大都市区将以前所未有的规模出现。但无论怎么解释，有一点很清晰，70 年代整个世界城市化的节奏已发生急剧的变化，正朝着许多大胆的预言家在 10 年前所预言的相反方向发展。这就是接下来要陈述的这些变化的实质。讨论是这样开始的：首先回顾长期的变化，这种变化在美国的城市化速度和都市区增长形态中已经阐明，接着用来自其他市场社会、社会主义国家和发展中国家的证据来检验。

美国：逆城市化过程

回顾第二章开始时对霍普·蒂斯代尔的引述：

> 城市化是一个人口集聚的过程，其发生方式有两种：集聚

点的不断增加和单个集聚点范围的不断扩大……它意味着从集聚性较弱状态向集聚性较强状态的转移。

但这个过程远非那么顺利，在发展速度上存在巨大变化。

在城市化进程中，表征城市化发展速度的一个有用标指是城市和总人口年平均增长率之间的差异，R(u)-R(t)(Arriaga, 1979)。这种方法将城市人口占总人口的变化率(城市化)与纯粹的数量增长(城市增长)区分开来，它既显示出长期的变化特征，又显示出周期性变动。

例如，在美国，长期的趋势是加速发展，于19世纪中期达到年
183 增长6%的高峰。此时，国民安定，城镇处于积极的形成过程之中。随着城市比例的增长，指数紧接着出现稳步下降的趋势(图19)。叠加在这个长期趋势之上的是周期性干扰，1812年的战

图19　美国城市化速度长期变化趋势

争和 1930—1940 年的经济危机,发展速度降至 0;在 1870—1880 年间减半。但是,如今速度降至为 0 却是长期的趋势。

当写本书第二章时,这种新形势的雏形已经出现。1970 年以来发生的情况如下:

(1) 大都市区增长慢于整个国家增长速度,实际上很少快于美国的非大都市区。与过去 10 年相比,回到 19 世纪早期的发展水平(图 20)。

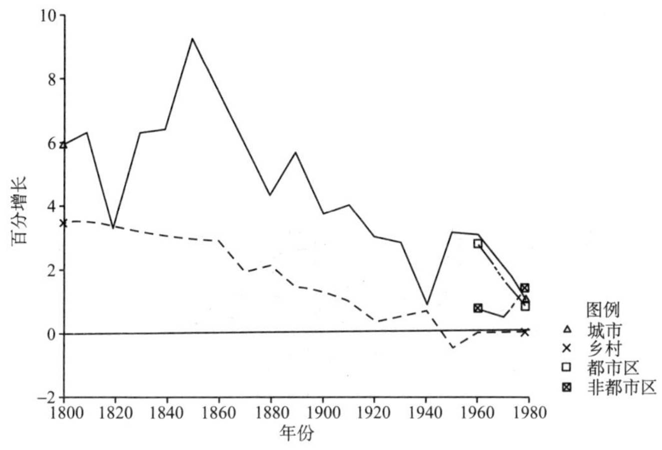

图 20　美国城乡人口增长率长期变化趋势以及

1950 年后都市区和非都市区增长率变化

(2) 从净值来看,尽管由于近年来国外移民的移入导致大都 184
市区人口的轻微增长,但大都市区正失去迁入非大都市区的人口。

(3) 大都市区增幅下降原因主要归因于那些特大都市区,特别是那些位于东北和中北部地区的特大都市区。总之,在 1960—1970 年间,标准大都市统计区(SMSA)的中心城市以每年平均 0.6%的速度下降;在 1970 年以后(合并除外)以每年平均 0.4%

的速度下降。大多数大都市统计区下降是由于 1970 年以后中心城市白人人口以每年平均 1%的速度下降而导致的。

(4) 较小都市区出现了快速增长，特别是在佛罗里达州南部与西部地区、位于目前定义的 SMSA 以外但与都市区有实质性日
185 常通勤的城市远郊地区，以及与都市区劳动力市场没有联系的周边县等区域(图 21)。

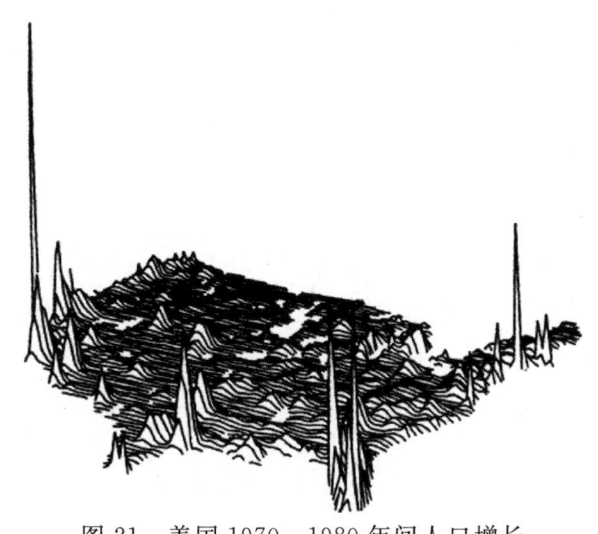

图 21 美国 1970—1980 年间人口增长

(5) 令人印象最为深刻的是大都市区和边远的周边县区迁移趋势发生逆转：在 1960—1970 年间，大都市区获得超过 300 多万的移民人口，但自从 1970 年以来开始减少；在 1960—1970 年间，周边非都市区移民减少，但自从 1970 年以来开始增加。移民流向的平衡已发生逆转(图 22)。

许多调查人员指出：自 1970 年以来的人口转移意义深远，足够与过去划出一条“清晰的界限”(Vining and Strauss，1977)。为

了强调这种差异，我创造了一个词“逆城市化”（counter-urbanisation）来解释那些正在发生的现象，把它定义为蒂斯代尔风格，作为一种人口分散化的过程，一种从人口更集中状态向分散状态转移的过程。

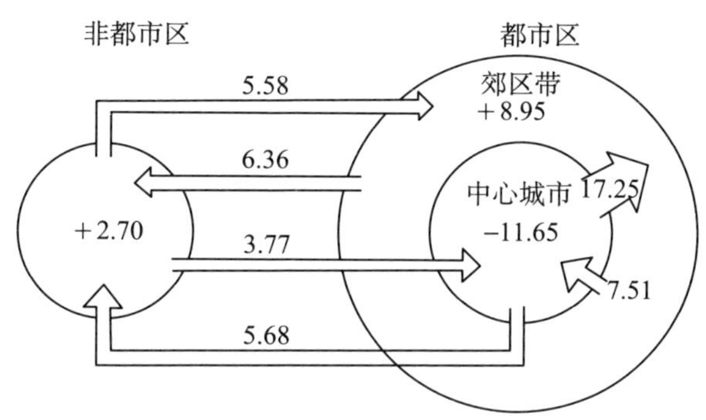

图 22　1970—1978 年美国移民

本图来自 1979 年环境质量委员会年度报告，数据仅参考美国居民，跨国界移民没有被考虑。

然而，远非仅仅是人口统计问题。如果我们能了解所涉及的 186
众多因素，我们将对正在出现的聚落模式获得一定的洞察力。正如第二章所表明，交通、通信和工业技术等方面的联合开发以及个人在区位和生活方式偏好转移，导致传统的核心-边缘国家经济组织瓦解。经典的国家经济区域组织是核心区（东北工业带）的一部分，通过铁路或水路交通线，被连接到蘑菇云状的资源依附型腹地，它们接受门户城市辐射，因循环、累积的因果过程不断增长。腹地工业城市促进了集群活动增长，是城市群中心的内外部经济集聚结果，同时也导致区域收入和机会的差异，周边地区廉价生产要素价格下降，以至劳动力和资金产生连续的不平衡流动，从贫穷

187 的腹地流向富裕且不断增长的核心地区。高水平的劳工、企业家及资本的巨大供应保证了制造业带大城市的创新和增长。当核心地区对原材料和食物需求扩大时,或者标准化工业被“过滤”到其他有廉价劳动力供应的场所,周边地区才能依靠核心地区需求而发展。

今天,这种经典的区域化已经不复存在。将创新发展限制在工业核心地区的核心城市的向心凝聚已经消融。全国各个区域正在形成新的就业形态。交通改善和新的交流方式大大削减了交通运输典型的地方化效应、新思想与实践快速传递中的邻近性。由于国家快速增长,工业被扩散到以前城市的远郊地区、非大都市区和阳光地带边缘区,这些地区正在实行私营部门的后工业化管理和控制职能。从 20 世纪 60 年代中期到 70 年代中期,这些后期职能与金融、保险、房地产等一起推动了市区办公业的繁荣,不仅形成了大约 20 个国际贸易中心和区域中心,而且在远郊地区或中等边缘都市区这些活动也获得越来越大的发展。实际上,正是全国空间经济的出现,这种经济跨越了在工业革命早期出现的区域组织。当然,在区位选择的新规则下,决策不仅仅是在一个国家版图内,还包括多企业、多产品和多国联盟。在全球框架下,传统区位因素与包括环境特性和国际金融规定等一系列新的变量相比,备选区位相对优点被排除。结合传统可进入性因素的区位选择的相对重要性、被感知集中在高密度中心城市负面外部性以及新的设施变量,关注决策的尺度发生改变,相互依赖的半径不断加大。

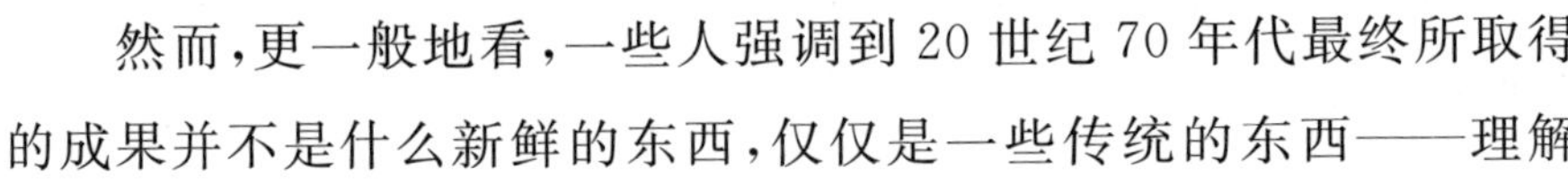

188 然而,更一般地看,一些人强调到 20 世纪 70 年代最终所取得的成果并不是什么新鲜的东西,仅仅是一些传统的东西——理解

基本价值观的能力和美国文化中反对城市集中的倾向。

我们应追溯至200年前J.赫克托·圣约翰·克雷夫科尔的“一封美国农民的来信”(1782)。“美国人——这个新的人到底是什么人?”他问。他的回答是一个基本的美国文化特征的描述。在这些当中，最重要的是“热爱新奇”，其次是难以抗拒的“接近自然”的渴望。如果目标得到实现，“自由移动”是本质所在，而对于追求个人目标而自我奋斗的人士而言，个人主义是根本。

热爱新奇

对美国都市区结构的热爱新奇的描述，没有哪一个能比霍伊特的论述更具有启发性，他在《美国城市居住邻里的结构和增长》(*The Structure and Growth of Residential Neighborhoods in American Cities*)中这样说道(Homer Hoyt，1939)：

> 城市周边地区新住宅拔地而起……吸引人们离开老房子，从而引起所有群体的进一步迁移。一些人离开了更老更廉价的房子，而这些更老更廉价的房子被最穷的人所占有或者是空置。新区域的持续竞争是邻里变迁的原因。每幢新大楼的升起，结构上都有所创新，安装最新的现代化设备，以需求为尺度，推倒所有出现凹痕结构的建筑……高级区往往先占据最有价值的居住地……中间阶层的租房群体倾向于占领各个城市中与高租用区相连的区域……低租金的房主倾向于通过过滤的方式移出城市中心地……邻里不断外移，因为当邻里逐渐衰落时，它们的价值逐渐趋于减少。一个邻里由最

> 现代化风格的新房子组成……处于顶点……结构的自然老化、家庭成员年龄的不断增大……邻里重要权力不断减弱……荒废使衰落的平稳过程加速：一种新的更现代的结构代替了低层次需求的所有现存的结构。

189 霍伊特的认知正好切中了大多数已发生事情的要害，逆城市化过程的伴随物是对城市衰退和一无所有的社会下层的丢弃(Berry,1975)，而少数民族聚居区的增长是白人大批离去的产物(Long,1975)。

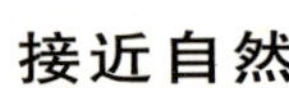

接近自然

新奇感与接近自然的愿望是联系在一起的。在第二章引用韦尔斯(H. G. Wells,1992)1992年的预言时已有提及。韦尔斯的回应来自20世纪50年代的社会学论文，标题为《郊区是前线》。拉姆分析了20世纪60年代城市外围地区扩张时(环境、房屋等的)适意和舒适所发挥的作用(Lamb,1970)。

自由移动

占领新的地域，向自然靠拢，不断调整持续的增长波，就必须要求自由地移动。美国人是世界上移动最频繁的人群；每年有4 000万人更换居所，一个人一生平均有14次迁移。正如彼得·莫里森(Peter Morrison,1974)的评论：

> 典型的美国人的生活可以视为一项长期的冒险活动。结

> 婚、生育、兵役、高等教育、变换雇主或跟随同一雇主从一个农场或办公地点移到另外一个地方，离婚、退休等等，所有这些都有可能带来一次居所和居住地点的变化，更不用说向上的社会移动，也许这种移动是因为其他原因……与过去一样，现在的美国人继续移动，其原因同国家经济和社会制度相关……迅速开发新资源或新知识，需要放弃旧企业同时也要发展新企业。迁移也存在与之相似的机制，当迁移人群经历社会流动时，会筛选和过滤人口。

个人主义

从这个角度看，在本书第 26 页中所提及的个人主义传统、城市扩张和衰退是由个人、群体、机构无数次的决策所产生的。假设在民主多元化的条件下，个人主义之风盛行于整个美国历史之中，导致对政府分割和政治利益团体的偏爱。这还意味着美国城市规划是治疗性的而不是面向未来的，是反应式的而不是进展式的。 190

变化新途径

城市变化的传统观点，根植于古典区位理论和创新传播的常规知识，起源于城市-工业核心地区并扩散到周边地区。然而，霍伊特注意到这种对立面已成为现实。如果以住房为例，我们发现变化的边缘区域是周边地区。与文化中的基本价值观念一样，新的边缘地区发展已经产生了对传统城市形态和结构快速的再评价，包括对许多邻里的放弃和对某些较老城市核心的更新兴趣。

在过去，住宅建设和城市增长一直处于循环状态。美国的城市不是以平稳的、持续的方式发展，而是一连串的突然爆发，每一次爆发都使城市边缘区形成城市结构的新环，呈现出一种新的与众不同的建筑风格。从全国范围来看，这种住宅投资的重要性很可能比其他任何城市增长因素的贡献都大。20 世纪城市扩张的历史记录紧密遵循住宅部门资本形成的波峰和波谷周期而变动。从 1910 年到 1914 年，又从 1921 年到 1929 年，当房地产投资兴起时，大都市区的边界迅速向外延伸。后来，在大萧条和二战期间，房地产投资几乎中止，城市扩张实际上缓慢地走向停止。再后来，在 20 世纪 50 年代，伴随着郊区化的快速发展，掀起了史无前例的房地产投资热潮。

从区域角度看，不同规模的城市扩张都出现了这些循环。在一些过去发展快的区域的城市，尤其是东北部城市，伴随有差异明显的住宅，城市有好几个增长环。的确，一个好的可行的“内城”定义就是大萧条前实际已建好的区域，位于新型增长区域的城市具有更多同质性的二战后住宅。

直到二战，不到全国一半的人口拥有自己的住宅，不到一半的住宅是以独户住宅单元形式出现的。在 1948 年到 1960 年的十多
191 年间，住房自有率迅速上升。这种跳跃式变化是紧随业主占有住房税款补贴而形成的。它是二战期间采用的一种大众所得税的副产品，形成于 20 世纪 30 年代早期的国家住房政策。当时的国家住房政策是设法促进住房自有化作为稳定社会的力量，它极度依赖新建筑作为工具以提高国家的住房标准，寻求为更好邻里的城市家庭提供必需的地区流动。在中上收入阶层，税收体系让房主

占有成本每年节约 14%—15%。不难想象，后来这个税收中断、实际收入快速增长以及一系列其他国家政策（如 20 世纪 30 年代早期的 FHA 财政的引入、二战后的 VA 资金、20 世纪 50 年代通过公路建设推动郊区开放等）推动了房地产市场的繁荣，使拥有个人住房的家庭从 1940 年的不足 40%跳升到 1960 年的 65%以上。更重要的是，不管是直接地还是间接地，这些动力的联合以及城市边缘区大量的土地消费，鼓励了低密度独户式居住模式的发展。从 1950 年到 1970 年，平均每个新建独户式住宅在国家城市化地区占用 0.6 英亩土地。

新住房建设和内城人口下降之间有着直接的关系。自从 20 世纪 60 年代早期，新住房建设就已经远远超过家庭的增长。1963—1967 年，家庭增加的数量大概是 1 700 万，却建造了 2 700 万个新住宅单元。住房建设超过家庭增长明显决定了老住宅的价值与维护是至关重要的。更通常的情况是，新的住宅被相对收入较高的家庭占用，而较旧的住宅则被腾出给那些低收入的家庭。如果有过多的建设，在这种住宅走马灯式的变换走向结束后，那些最不适合的住宅会空置，直到最后被遗弃或毁坏掉。

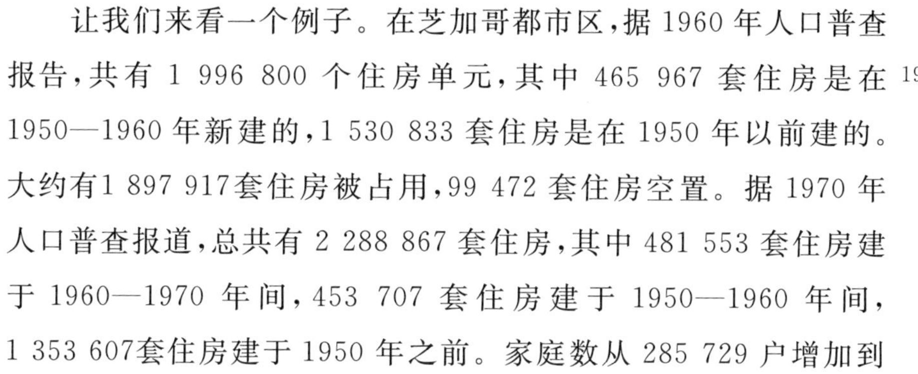

让我们来看一个例子。在芝加哥都市区，据 1960 年人口普查报告，共有 1 996 800 个住房单元，其中 465 967 套住房是在 192
1950—1960 年新建的，1 530 833 套住房是在 1950 年以前建的。大约有1 897 917套住房被占用，99 472 套住房空置。据 1970 年人口普查报道，总共有 2 288 867 套住房，其中 481 553 套住房建于 1960—1970 年间，453 707 套住房建于 1950—1960 年间，1 353 607套住房建于 1950 年之前。家庭数从 285 729 户增加到

2 183 646户，而空房数增加到106 189套。看一下动态变化：这期间建造了481 553套新住宅，但只增加了285 729个家庭，空房数增加了195 824个，导致了189 486个已有住宅的迁移：465 967－453 707＝12 260（1950—1960年间建造），1 530 833－1 353 607＝177 226（1950年以前建造），空房从99 472套增长到106 189套。

案例的要点是，房地产投资热潮时期正是城市大范围向外扩张时期。对于高度分散和投机性的建筑业来说，呈现过于重视建筑等级的自然倾向，它需顾及正常需求增长和供给恶化。在芝加哥，新建设不仅推动城市边界向外延伸，而且导致房价下跌和旧房失修，最终导致这类房产的萎缩和传统邻里的放弃。

从表面上看，与这种情况相反，但实际上却有着动态的一致性结果。自从20世纪60年代晚期以来，都市区内城的邻里发生了私有化市场革新，这为某些美国人享受新的不同的生活方式创造了机会。在费城、旧金山和波士顿的情况就立刻引起人们注意。这些例子也没什么独特之处。它们都发生在最低供给替代率和房产市场最大紧缩的大都市区。但所有这些都市区并没有经历"绅士化"过程。一定程度上需求变化也是必要的，这些必然聚焦于传统城市中心。

自从1970年以来，有很多变化影响进入房地产市场的新家庭数量和类型。在1970—1975年间，住房自有者占有率从69%增
193 长到75%，这种增长是伴随着生育高峰一代家庭的迅速改变而改变的。住房自有者增加与住宅价格膨胀同时发生，而住房自有者往往发生在单身或单亲家庭。这种增长也代表着一种投资而非消费决定：一种通货膨胀阻隔与未来市场价格失调的对立。通货膨

胀与新住宅启动的缓慢步伐互成因果关系，它使得内城的再投资更加诱人，尤其是在受投机超涨影响最小的地区。

但是，一直以来过度强调新高收入年轻房主的住房偏好，这些房主没有养育小孩子的压力。对于双职工，其中一个或两个是专业人员，他们追求房屋结构地理集聚的内城邻里，这些地方能够提供高质量的服务，提供处于安全步行距离范围内的各种各样公共娱乐场所，如优美的滨水地区、公园、博物馆、艺术展览馆、大学、著名的建筑、邻里的历史地标建筑以及一系列高质量的零售设施和服务，包括餐馆、剧院以及娱乐场所。这些偏好直接缘于生活方式和习惯的改变。首先，美国社会持续的发展使得妇女的收入比重不断增长，从而使得她们有了更多的角色选择权，而不单单是家庭主妇或母亲。于是，男人和女人过着更加独立的生活，在生活方式的转变中有着更多的选择机会。没有正式婚姻约束而同居的家庭不断增长。抚养孩子的直接成本和机会成本不断增加，控制生育的技术已经改进，堕胎的法律限制放宽，因此出生率在下降。有两个或更多工作人员的家庭在不断增长，以及比以前有更多的职业女性的家庭也在不断增长。

复兴运动首先发生在一些大都市区的高级邻里。在这些地区
拥有最低的置换供给率，尤其在大都市区，拥有一定规模的专业岗
位集群，可以支持年轻且有大学学历的劳动者在他们能明显改变
生活方式环境中生活。这意味着复兴运动可能会被限制在大都市 194
区中心，这些中心是后工业化管理、控制、信息处理活动的集聚场
所，特别是迅速增长的市区办公综合楼。从而允许一种新的生活
方式和社区类型的出现，那就是新城市贵族化。

因为较小的家庭要求较少的空间，家庭的流动性以及成员之间松散的法律关系同所有者占有的严格性相反，房屋及其地基的维护是耗时和耗力的，做家务活的时间变得稀少且代价高昂，所以在新贵族们中间有人偏爱一些公寓、连栋房屋、低层连排式住宅和创新设计的形式及所有权形式实验等。例如，共管式独立产权公寓和住房合作社，因为这些将保留一些住房拥有的避税优势。但这些选择将会产生更大的流动性，而且房屋管理和维护将增加新的契约安排。

在核心城市和老郊区，更为中心的区位吸引性增加，因为那儿有合适的房屋供应，并且能接近各种服务，方便上下班。因为许多家庭没有孩子，当白种人涌入到郊区时，学校整合的种族因素就不起作用了。郊区是一个养育小孩的好地方。很明显，在那些没有孩子的家庭中，这种位置偏好不起任何作用。

但这也产生了极化效应。在过去的20年，穷人和贫穷劳工的住房条件提高了，主要因为他们继承了习惯上所称的“灰色区”。对低收入人群来说，中产阶级对这些房屋需求的淡化降低了它的相对价格，明显减少了拥挤程度。中产阶级重新置于富裕家庭空出的适宜邻里。为提高生活水平，那些富裕家庭迁出这些地区。无论这些城市的困难是什么，这都是一个幸运的结果。但是，紧迫的危机是住房可得与工作岗位和福利急剧下降的矛盾，他们夹在
195 经严格筛选给予优惠的家庭和多人工作而又无孩子的家庭中间。正因为如此，早期的阶级冲突产生了，一方是接受过良好教育的白领阶层，他们追求可选择的生活安排和生活方式；另一方是大多数已婚的有孩子的工人阶级，他们住在郊区，但仍然有一个理想目

标。哈里斯（Harris）民意调查显示，在 2—3 年周期内准备搬迁的 35％的美国城市居民中，有 53％的人打算搬到郊区或乡村地区。事实上，有人也许争辩，今天美国的主要价值观斗争在于看似大方的中上层知识分子（少数人是最直言不讳的马克思主义者）和保守的无产阶级当中，他们渴望成为既反对“另类”生活方式又反对左翼主张平等论点的中产阶级。对于那些物质目标已经实现的知识分子来说，他们开始追求生活质量和实现自我（对于马克思主义者、有声望的人和群体内受仰慕的人），但是对于依靠自我奋斗进入上层社会的工人来说，物质福利和经济进步仍然是主要的追求。

其他市场经济与福利国家分散化和离心化的开端

至少在 1970 年以前，欧洲国家没有出现美国离心化模式的倾向，相当密集的住房市场保留在大多数内城，孕育着贵族化。概括地来说，距离贵族化要多远有多远，好像跟北美的情况完全相反，即个人的流动性更少了，而同市场机制对立的集体主义看起来相当有效。但 1970 年后，与美国模式很相似的新倾向出现了，离心化进程加快了。市中心人口停止了增长，城市环在扩展。然而，集中化过程持续，仍然有许多人从非都市区转移到都市区，尽管欧洲各国的情况在相当大的程度上不尽相同（图 23）。

这个图是经作者德拉维特（Drewett，1980）授权而得到的。当城镇地区人口增长时，绝对集中化出现了，然而这些地区的郊区人口减少了。因此，所有的增长集中在市中心。当市中心和郊区

人口都增长的时候，相对集中化出现了。而当郊区比市中心增长快的时候，相对离心化开始出现，绝对离心化在市中心人口下降而
196 郊区人口上升时出现。

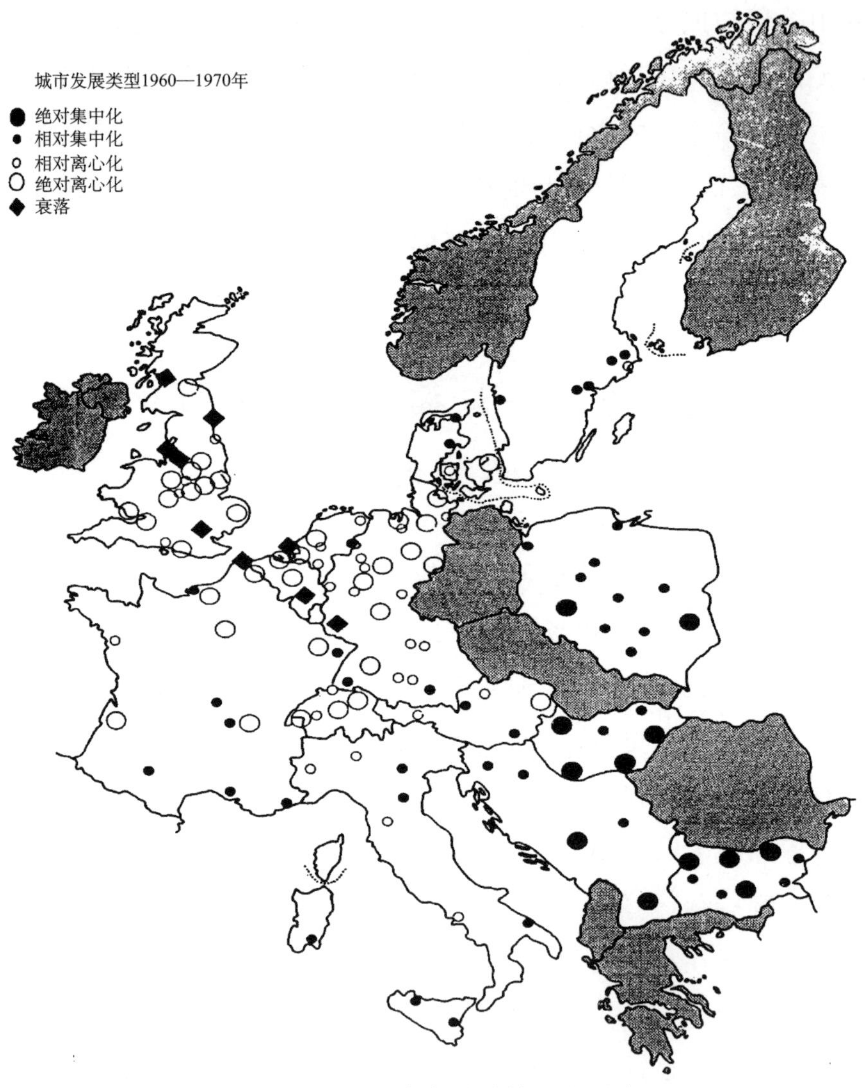

197 图 23　1960 年以来各种城镇的发展类型

在英国、比利时和荷兰,从市中心到郊区曾出现了大范围的离心化。与此同时,非都市区继续衰落至 1970 年,所以美国出现的"清晰界限"在这些国家没有出现。斯堪的纳维亚(半岛)的进程比英国迟 10 年,似乎在模仿英国。法国的城市中心仍在增长,但是非城市化也在加速。同时,东欧的离心化也在增加(Hall and Hay,1980)。

通过对 20 个国家移民数据调查,维林格、波艾伦和杨划分出三种不同类型的国家(Vining,Pallane and Yang,1980)。

(1) 第一类国家(比利时、丹麦、法国、荷兰、西德)。中心地区在 1960—1980 年经历了净迁入的下降,现在正经历净迁出过程,许多内城及早期的都市区地位下降。

(2) 第二类国家(英国、加拿大、芬兰、冰岛、意大利、日本、挪威、西班牙和瑞典)。中心地区在 20 世纪 50—60 年代经历了净迁入增加,70 年代开始急剧下降。甚至特殊的都市区和许多中心城市也可能正在衰落,尽管没有达到人口连续迁出中心地区的情况。

(3) 第三类国家(捷克斯洛伐克、东德、匈牙利、波兰)。中心地区迁入人口仍然处于整体的下降——大多数是东欧的社会主义国家。

维林格对这些差异提出了解释。他指出,随着经济增长的继续进行,更多的人口和资本在高密度核心区域的集聚成本不断上升,最终将制约经济在核心地区进一步集聚。然而,核心和边缘区 198
位利润很快达到平衡。因为与那些城市内部条件较差的国家相比,一些国家的边缘区为城市和工业发展提供了有竞争力的位置。在一些国家的边缘区,自然地理条件的欠缺实质上可能会阻碍城区和工业在除了核心区以外的任何其他区域的发展。用什么来区别第一类国家和第二类国家呢？维林格假设，边缘区在自然条件方面对市区和工业发展没有阻碍的属于前者，反之则属于后者。根据维林格的解释，第一类国家如西北欧地区，这些国家的边缘区已经赋予了市区和工业发展的良好位置。大量的人口从农村涌向其他地区的大城市，只要那里有中心区人口集聚和生产的生产力优势存在。但是一旦集聚经济转向集聚不经济时，他们就开始吸收新的生产设备和移民。与之形成对比的，维林格认为，第二类国家的边缘区相对于中心区存在明显的自然条件劣势。在斯堪的纳维亚边远地区，地形和气候条件都很恶劣，挪威北部尤其严重；在意大利，自然条件对意大利南部地区的制约是众所周知的；在日本，东海道地区外围用于建房的平地奇缺无比。鉴于边缘区赋存的自然条件极差，移民在中心和边缘区的流动接近均衡状态是十分显著的。但是维林格认为，那只是一种均衡而且是不稳定的。从边缘区涌向挪威、日本、意大利等国家的中心区域依然存在净移入。苏格兰的人口依旧不断流向英国的其他地方，尽管现在移民向中心地区的流动比起 20 世纪 60 年代已经显著减少。没有哪一个属第二类的国家能像西北欧和美国那样表现出一种从中心区涌出的强烈态势。此外，在瑞典、挪威和加拿大，依旧有一股强大的移民浪潮从国外涌向中心地区，这远远弥补了国内移民造成的损失。与之形成对比的是，在法国和西德，外
199 来移民受到阻止。由于国内和国外的移民，这些国家核心地区人口正在减少。

一些国家核心区的自然地理如此受青睐，以至于在集聚经济

缺乏的情况下，在核心地区投资回报仍比边缘区高，但为什么在这些国家出现净平衡呢？维林格提出了这样的问题。他说，这是可能的，在特定的经济发展水平下，经济剩余足够维持边缘区的人口水平，尽管这样做是无效的。剩余支持是广泛的，也许是普遍的，驱使部分人口生活在低密度住宅区和特别高档的独户房。然而，这种驱动传统被现代服务和设施的缺乏所阻挠，对这些东西的需求也许胜于对空间的需求，特别是在一些廉价的、空间富余的地区，例如在人口稀少的周边地区。只有一些富裕的国家将现代化城市基础设施和服务延伸到全国各地，才能适应这种驱动。在这些国家，维护这些聚落体系的经济回报是低的。例如，因为地形要求居住地应是分散的，就像斯堪的纳维亚一样，这样做的费用至少部分地产生于外国工人进入核心区域，从而取代了在核心地区（现代工业活动最有利可图的或很可行的唯一地区）居住的不再为生存所迫的本国工人。然而，虽然由于对边缘区的补贴和转移安置费用，现在这种入侵比过去低多了，但第二类国家的周边许多地区持续的人口侵入也耗费了这些成本。

社会主义国家中心化的变化形式

相反地，在东欧的社会主义国家，他们存在持续中心化现象。
但 20 世纪 70 年代出现了一系列的新现象，或者是对前 10 年基础 200
上形成的趋势进行了相当大的调整。实际上，由于他们固有的聚落体系、经济结构和人口要素的广泛变化，这些趋势在所涉及的国家之间并不一致（Bourne，1980）。

在前 10 年里，中等城市一般都出现了高人口增长率。然而，在这类城市群体中，与市场经济国家的城市体系相反，在近年，依靠中央政府政策，高增长率开始转向较大城市或较小城市。举个例子，在波兰，前一情形确实存在。在 20 世纪 60 年代至 70 年代早期，高人口增长率从 5—10 万城市转向 20—50 万的城市。甚至在大城市区域(100 万人口或以上)也出现了快速的人口增长，但比起那些小城市来说，增长率仍是较低的。另一方面，在匈牙利，人口增长快速转移到省会城市水平以下的小城市。这样的变化主要是因为为取得城市发展平衡而出台的空间政策。反过来，这追溯到现有聚落结构的特征，它是政策目标改变的结果。布达佩斯的首府地位与匈牙利稀疏的城市网络优势相结合，从而导致出台了指向五个快速扩张的中等城市的政府措施，以作为控制首都增长的反磁力中心。在 20 世纪 70 年代，第三产业发展和工业的分散促进了空间扩散，2—5 万居民的镇成为主要的受益者。

在波兰，有着比较均衡的城市等级结构，在 20 世纪 60 年代后期政府采用了限制大城市增长政策，主要是通过对大城市区有限服务和可用基础设施的调整，而不是通过更明确的长期空间目标。自从 70 年代，为了提高生产效率，发展 40 个中等城市，政策上政
201 府支持主要城市集聚发展。结果，波兰前 10 年的明显的空间分散化开始趋向适度的集中趋势。近来更多的物质开发规划为小城市提供了又一次的快速增长机会，然而，1975 年空间行政结构的重组和 49 个顶层行政单元代替以前的 22 个地区，很可能导致 80 年代早期分散化的加速。

伴随着这些国家导向的转换，在匈牙利、德意志民主共和国、波兰出现了低迁移水平的趋势。工业由城市中心向周边地区有意

的分散,看起来使得人口向早期占主导的工业化地区大规模移动走向结束。但是,人口向城市迁移仍然是基本趋势,尤其是城市间的流动比例不断增长。

在东欧的大多数国家里,最终的趋势是国家聚落体系的增长联合(Dziewonski et al. ,1979)。整合的程度看起来趋向于两个明显的空间层次:(a)主要城市中心之间;(b)大城市和周边腹地之间。伴随着这些城市之间流动范围和多样性的增长,城市之间第二部门和第四部门功能专门化明显增强。虽然本地移民在绝对或相对条件下总量不是非常大,但城市集聚区的移民倾向于包括有熟练的和专业能力的人群。另一方面,区域内联系的演化,主要是体现在不断增长的通勤者数量和围绕大中城市广泛的通勤带的扩展与巩固。

第三世界在 20 世纪 70 年代以后的变化

在发展中国家,同样也存在着变化。关于城市化和经济发展的内在联系的传统看法早前在图 10 中被概括。这个图来源于 1972 年 6 月世界银行的城市化部门工作报告。在那个文件中,世界银行员工得出城市化与经济发展是对数关系。起初,城市增长加速处于“起飞”阶段,前工业城市化水平仅有 10%或更少低水
平。随着经济的成熟,城市增长逐渐增强,超过 75%以上水平,新 202
的平衡形成。虽然速度比西方更快,但每个发展中国家都期望在发展过程中遵循这条道路。但是从发达世界最近经验中我们认识到,传统的集聚中心并不能使更高的城市化水平处于稳定状态。1970 年以来,在一些案例中,许多主要大都市区人口正在减少,有

些城市化率实际上已开始下降。

接下来，发展中国家将会怎样呢？看一下联合国在20世纪70年代初的估计（表9）。

表9 城市化率和城市人口增长（1950—2000年）

	城市人口占总人口的比重（%）			城市人口年均增长率（%）		
年份	1950	1975	2000	1950—1960	1970—1980	1990—2000
发展中国家	20.6	31.1	45.8	4.0	4.0	3.5
工业化国家	62.4	74.4	83.6	2.0	1.2	0.8
资本与石油输出国家	16.9	55.5	77.9	7.9	7.1	3.1
中央计划经济国家	20.7	34.4	49.2	5.2	2.7	2.4
世界平均	29.0	39.3	51.5	3.5	2.8	2.6

从这些估计中，世界银行的调查员信心十足地指出：

（1）到2000年，超过一半的世界人口很可能会住在城市地区。

（2）发展中国家的当代城市化特征很明显地与历史已有经验的国家不同。然而工业化国家的城市化经历了几十年，允许经济、社会、政治制度渐进地处理转型过程中的问题。在发展中国家，面对快速人口增长、低收入水平、很少的国际移民机会的背景，这一过程是非常快的。

（3）1950—1975年，发展中国家的城市地区吸纳了大约4亿
203 人口；1975—2000年，增长到近10亿。

(4) 发展中国家在这段时期城市人口增长率有望是工业化国家城市这个时期增长率的 3—4 倍。

(5) 发展中国家的大城市数量正在迅速扩张。1950 年这些国家仅有一个城市人口超过 500 万(大布宜诺斯艾利斯),而工业化国家已经有 5 个城市达到或超过这个人口。到 2000 年,发展中国家有近 40 个或更多的城市超过 500 万人口,而工业化国家仅有 12 个。发展中国家有 18 个城市有望超过 1 000 万人口,而且至少有一个城市墨西哥城也许人口已达到 3 000 万。

这些断言应该被赋予许多条件。首先,自然增长率的下降比大多数观察家几年前预言的要快得多。其次,正如我们在第三章中提到的,西方城市化的很多伴随物并不一定在发展中国家发生。例如,家族群体在相同程度上并没有分解成按年龄划分的核心家庭。再者,移民正随着“循环流动”现象的增长而削弱。循环流动发生在家族群体之间,为了维护居住权和占有权的多元基础,既包括乡村的也包括城市的,既包括传统的也包括现代的,而且它还包括城镇和乡村家庭成员间的循环,但并不是完全意义上的从一个地方到另一个地方的再置换(如移民)。当然,如果西方的逆城市化消除了在工业化过程中出现的城乡二元结构,发展中国家的家庭成员或其他群体创造性的应对也正引导了一种空间组织的新形式。例如,这没有任何原因,期望大城市大规模发展的猜想实际上将开始,相反,城镇和乡村相互依赖所形成的新等级也许正在进行。我们从最近的西方经验中可以学习到,规模和集中事实上是受限制的。在这些限制中,新的动力出现了,流行新的聚落体系, 204
折射出国家相互依赖的新秩序、地方的新经济、社会-空间组织的

新模式。在整个第三世界，尽管更多的发展是操作在政府规划者手里，但企业也渐渐趋向于私营企业形式的运作，从而导致准市场机制的重要性不断增加。

变化的应对：胁迫下的规划

全世界城市规划适用权限源于对市场机制不满意或者说不信任。正如我们在第五章中看到的那样，出于纠正市场机制的不完善，或者采用新机制以使功能运行更完善的愿望，各种形式的规划应运而生。敏锐的观察家劳埃德·卢德温（Lloyd Rodwin，1980）曾这样写道：

> 对市场的批评是如此的常见且看似合理，以至于许多规划师发现很难找到任何反对的理由来拯救那些在这个过程中被伤害的利益主体。正是这个假设使得这个时期相当危险，因为城市规划师得到重要的职位和权力……当今的形势很关键，因为其失败已经成为在所难免。

西欧和其他市场经济国家的美国式分散化、第三世界城市动力学的证据都表明，市场机制的主张与城市规划格格不入，尽管这样的城市规划在第五章已经修改了所描述的分歧路径，产生了替代性差异，而更接近于与传统价值观一致，例如在本书第 120 页中提到的盎格鲁撒克逊人和拉丁人对高密度中心居住的偏好的不同。甚至在社会主义国家，要求地方自治的南斯拉夫风格的呼声也越来越高，作为对无回应的中央导向的平衡。

卢德温认为,对城市规划不满的发生是因为规划师的各种各样设想被认为存在缺陷。他描述了综合规划的设想:仅凭规划师就能够对人与自然,城市与区域,家庭、工作、学校、娱乐和购物之 205
间关系进行整理和综合,并且他们能比市场做得更好——传统上通过他们的定性见解,近来又通过定量系统分析。但他认为,这只是虔诚的渴望:专门的增长决策,特殊利益主体间的协商,定期记录以及相似的过程控制。

另一个设想是系统的规划过程,通过科学理性、分析、建立目标导向的决策模型、指导战略的监控以及根据反馈结果作出重新定位。卢德温指出,尽管目前坚信这样的过程,但是很少的证据表明它们起作用。城市范围大小应该或能够被限制的设想也是不真实的,甚至英国的新城政策也不能改变这个国家城市体系的组成特征和相对规模。而且城市设计师最持久的设想是通过改造物质环境,满足穷人的愿望,提高生活质量,甚至提高人们的福利水平。现在正如卢德温说的那样,城市设计师的设想看起来“不仅乏味,而且是完全的误导……规则制定者的使人难忘的优先考虑使规则变得毫无意义。工作、食物、会面、信息……以及比物质改善更重要的……”没有证据证明既定环境的改变会产生行为修正的任何假定形式。

卢德温进一步指出:没有什么能证明高级技术人员的规划与行政完美设想会和政治脱节,除了在极其特殊情况下,事先设定的目标对规划结果产生影响是最值得质疑的。同样地,规划人员是趋于特殊利益的倡导者而不是通过建立共识形成的公众利益保护者。正如卢德温总结指出的,源于以下这些原因或更多:

> 有更多的人意识到，规划师的解决方法经常是不可靠的、不充分的、缺乏说服力的，更谈不上有效……结果是难以改变的。拥有更多资源、能源和有效的领导关系的利益主体和个人能够满足他们的需要，他们知道怎样去施加压力和适应各种计划……通过这些途径可以最大限度满足他们的利益……
> 206 接下来数十年里，在第三世界的国家里有两个常出现的问题，即在这个系统内这种模式能否被改变，以及第三世界国家都市区的增长和管理政策是否导致转型，转型程度又如何。

我们从这本书的第一版中得出结论，一个社会创造它认为“应该是”而不是为未来提供那些“是”或“一直是”的东西，这是可能的。从 20 世纪 70 年代开始，城市化速度和频繁的超乎想象的向不同方向变化应该让我们冷却一下热情。有差异没错，但是动力机制是更加有机的，而不是被控制的。当前的主流趋势在文化价值定义的轨道上运行，而变化只发生在最重要的边缘，正如形成新土地的三角洲的转换形式一样，除非以一场革命性的灾难重塑景观和在新的不同的轨道之中改造趋势。前种情形要求我们理解文化主流，后者要求我们明白改革发生的原因。如果主流和改革为我们提供了理解城市历史的框架，那么它们之间的紧张关系是掌
207 握城市未来的关键。

参考文献

P. ABERCROMBIE, *Greater London Plan 1944* (H. M. S. O., 1945).

C. ABRAMS, *Man's Struggle for Shelter in an Urbanising World* (The M. I. T. Press, 1964).

J. L. ABU-LUGHOD, *Cairo* (Princeton University Press, 1971).

______ 'Migration Adjustments to City Life: The Egyptian Case', *American Journal of Sociology*, 67 (1961) 22-32.

______ *The City Is Dead, Long Live the City* (Berkeley, University of California C. P. D. R. Monograph 12, 1968).

J. ADDAMS, *Twenty Years at Hull House* (New American Library, 1961).

W. ALONSO, 'What Are New Towns For?', *Urban Studies*, 7(1970)37-55.

C. ANDERSON, *White Protestant Americans* (Prentice-Hall, 1970).

D. J. ARMOR, 'The Evidence on Busing', *The Public Interest*, No. 28 (1972) 90-126.

J. L. ARNOLD, *The New Deal in the Suburbs. A History of the Greenbelt Town Program* (Ohio State University Press, 1971).

W. ASHWORTH, *Genesis of Modern British Town Planning* (Routledge & Kegan Paul, 1954).

K. ASTRÖM, *City Planning in Sweden* (The Swedish Institute, 1967).

E. C. BANFIELD, *The Unheavenly City* (Little, Brown, 1968).

BARLOW REPORT, *Report of the Royal Commission on the Distribution of Industrial Population*, Cmd. 6153 (H. M. S. O., 1940).

R. P. BECKINSALE and J. M. HOUSTON, *Urbanisation and Its Problems* (Basil Blackwell, 1968).

D. BELL, 'The Measurement of Knowledge and Technology', in *Indicators of Social Change*, ed. B. Sheldon and W. E. Moore (The Russell Sage Foundation, 1968).

E. BELLAMY, *Looking Backward*, 2000-1887 (Houghton, Mifflin, 1888).

P. L. VON DER BERGHE, 'Distance Mechanisms in Stratification', *Sociology and Social Research*, 44 (1960) 155-64.

B. J. L. BERRY, 'City Size and Economic Development', in *Urbanization and National Development*, ed. L. Jakobson and V. Prakash (Sage Publications, 1971).

P. BLAKE, *Le Corbusier* (Baltimore, Penguin Books, 1966).

C. BOOTH, *Life and Labour of the People of London* (Macmillan, 1902-3).

G. BREESE, *Urbanization in Newly-Developing Countries* (Prentice-Hall, 1966).

A. BRIGGS, *Victorian Cities* (Odhams, 1963).

E. M. BRUNER, 'Urbanization and Ethnic Identity in Northern Sumatra', *American Anthropologist*, 63 (1961) 508.

E. BRUTZKUS, *Physical Planning in Israel* (Jerusalem, by the author, 1964).

G. L. BURKE, *Greenheart Metropolis: Planning the Western Netherlands* (Macmillan, 1966).

G. E. CHERRY, *Urban Change and Planning* (G. T. Foulis, 1972).

F. CHOAY, *L'Urbanisme, Utopie et Réalities* (Paris, Senil, 1965).

P. H. CHOMBART DE LAUWE, *Paris et l'Agglomération Parisienne* (Presses Universitaires de France, 1952).

C. CLARK, *Population Growth and Land Use* (Macmillan, 1967).

M. B. CLINARD, *Slums and Community Development* (The Free Press, 1966).

F. COHEN, *The City in the Zionist Ideology* (Center for Urban Studies, Hebrew University, 1970).

COMMISSION ON POPULATION GROWTH AND THE AMERICAN FUTURE, *Popula-*

tion and the American Future (U. S. Government Printing Office, 1972).

C. H. COOLEY, *Human Nature and the Social Order* (Scribner's, 1902).

P. K. CONKIN, *Tomorrow a New World*: '*The New Deal Community Program* (American Historical Association, by Cornell University Press, 1959).

W. A. CORNELIUS, JR, 'The Political Sociology of Cityward Migration in Latin America', in *Latin American Urban Research*, ed. F. F. Rabinowitz and F. M. Trueblood, vol. Ⅰ (Sage Publications, 1971).

P. COWAN *et al.*, *The Office*: *A Facet of Urban Growth* (Heinemann, 1969).

R. J. CROOKS, 'Urbanization and Social Change: Transitional Urban Settlements in the Developing Countries', *Rehovot Conference Papers* (Rehovot, Settlement Study Center, 1971).

J. DAHIR, *The Neighborhood Unit Plan* (Russell Sage Foundation, 1947).

K. DAVIS, *World Urbanization*, 1950-70 (Berkeley, University of California, 1969).

C. DELGADO, 'Three Proposals Regarding Accelerated Urbanization Problems in Metropolitan Areas: The Lima Case', in *Latin American Urban Policies and the Social Sciences*, ed. J. Miller and R. Gakenheimer (Sage Publications, 1969).

B. P. DEWITT, *The Progressive Movement* (New York, the Macmillan Co., 1915).

R. E. DICKINSON, *The West European City* (Routledge & Kegan Paul, 1957).

A. DOTSON, 'The Role of Urban Development in National Government' (Keynote Address, Urban Development Workshop, U. S. Agency for International Development, 1972).

Y. DROR, *Public Policymaking Re-examined* (Chandler, 1968).

E. DURKHEIM, *De la Division du Travail Social* (Alcan, 1893).

D. J. DWYER (ed.), *The City as a Centre of Change in Asia* (Hong Kong

University Press, 1972).

T. H. ELKINS, *The Urban Explosion* (Macmillan, 1973).

F. ENGELS, *The Condition of the English Working Classes in* 1844 (Allen & Unwin, 1962 ed.).

______*The Housing Question* (International Publishers, 1935 ed.).

L. A. EYRE, 'The Shantytowns of Montego Bay, Jamaica', *The Geographical Review*, 62 (1972) 394-413.

T. J. D. FAIR, 'Southern Africa: Bonds and Barriers in a MultiRacial Region', in *A Geography of Africa*, ed. R. M. Prothero (Routledge & Kegan Paul, 1969).

S. F. FAVA, *Urbanism in World Perspective* (Thomas Y. Crowell Co., 1968).

A. FEIN, *Frederick Law Olmsted and the American Environmental Tradition* (Braziller, 1972).

C. S. FISCHER (a), 'The Experience of Living in Cities' (Paper prepared for a committee of the National Research Council, National Academy of Sciences, 1972).

______(b), 'Urbanism as a Way of Life: A Review and an Agenda', *Sociological Methods and Research*, I (1972) 187-242.

J. C. FISHER (ed.), *City and Regional Planning in Poland* (Cornell University Press, 1966).

______'Planning the City of Socialist Man', *Journal of the American Institute of Planners*, vol. 28, no. 4 (1962) 251-65.

D. L. FOLEY, *Controlling London's Growth* (Berkeley, University of California, 1963).

B. J. FRIEDEN and R. MORRIS, *Urban Planning and Social Policy* (Basic Books, 1968).

E. A. FRIEDMANN, 'The Impact of Aging on the Social Structure', *Handbook of Social Gerontology* ed. C. Tibbits (University of Chicago Press, 1960).

J. FRIEDMANN and J. MILLER, 'The Urban Field', *Journal of the American Institute of Planners*, 31(1965) 312-19.

______ and F. SULLIVAN, 'The Absorption of Labor in the Urban Economy: The Case of Developing Economies' (Los Angeles, University of California, School of Architecture and Planning, 1972).

O. R. GALLE, W. R. GOVE and J. M. MCPHERSON, 'Population Density and Pathology: What Are the Relations For Man?' *Science*, 176 (1970) 23-30.

H. J. GANS, *The Urban Villagers* (The Free Press of Glencoe, 1962).

______ *The Levittowners* (Pantheon, 1967).

______ *People and Plans* (Basic Books, 1968).

P. GEDDES, *Cities in Evolution* (rev. ed., Williams & Norgate, 1949).

C. GEERTZ, *Peddlers and Princes* (University of Chicago Press, 1963).

R. GLASS (ed.), *London: Aspects of Change* (MacGibbon & Kee, 1961).

N. GLAZER and D. P. MOYNIHAN, *Beyond the Melting Pot* (The M. I. T. Press, 1963).

P. G. GOHEEN, *Victorian Toronto* (Department of Geography Research Paper, University of Chicago, 1970).

S. GOLDSTEIN and C. GOLDSCHEIDER, *Jewish Americans* (Prentice-Hall, 1968).

M. M. GORDON, *Assimilation in American Life* (New York, Oxford University Press, 1964).

J. GOTTMANN, *Megalopolis* (The Twentieth Century Fund, 1961).

S. GREER, *The Emerging City* (The Free Press, 1962).

______ (ed.), *The New Urbanization* (St. Martin's Press, 1968).

______ *The Urbane View* (New York, Oxford University Press, 1972).

P. HALL, *The World Cities* (World University Press, 1966).

O. HANDLIN and J. BURCHARD (eds.), *The Historian and the City* (Harvard University Press, 1963).

W. J. and J. L. HANNA, *Urban Dynamics in Africa* (Aldine, 1971).

J. HARDOY, 'Urbanization Policies and Urban Reform in Latin America', in F. F. Rabinowitz and F. M. Trueblood (eds.), *Latin American Urban Research*, vol. 2 (Sage Publications, 1972).

C. D. HARRIS, *Cities of the Soviet Union* (Rand McNally, 1970).

A. HARRISON, *The Framework of Economic Activity: The International Economy and the Rise of the State* (Macmillan, 1968).

P. M. HAUSER and L. F. SCHNORE (eds.), *The Study of Urbanization* (John Wiley & Sons, 1965).

J. HAUTREUX and M. ROCHEFORT 'Les métropoles et al fonction régionale dans l'armature urbaine française', *Revue Construction et Amlnagement*, no. 17 (1964) 38.

B. J. HERAUD, 'Social Class and the New Towns', *Urban Studies*, 5 (1968) 33-58.

L. HOLZNER, 'Soweto-Johannesburg', *Ceographische Rundschau*, 23-6 (1971) 209-22.

E. M. HOOVER and R. VERNON, *Anatomy of a Metropolis* (Harvard University Press, 1959).

E. HOWARD, *Garden Cities of Tomorrow* (Faber & Faber, 1902).

F. C. HOWE, *The City: The Hope of Democracy* (Charles Scribner's Sons, 1905).

M. JANOWITZ, *The Community Press in an Urban Setting* (The Free Press, 1952).

M. JEFFERSON, 'The Law of the Primate City', *Geographical Review*, 29 (1939) 226-32.

M. JUPPENLATZ, *Cities in Transformation. The Urban Squatter Problem of the Developing World* (Univ. of Queensland Press, 1970).

B. S. KHOREV and D. G. KHODZHAYEV, 'The Conception of a Unified System of Settlement and the Planned Regulation of City Growth in the USSR', *Soviet Geography*, 8 (1972) 90-8.

H. H. L. KITANO, *Japanese Americans* (Prentice-Hall, 1969).

P. T. KIVELL, 'A Note on Metropolitan Areas, 1961-71', *Area*, vol. 4, no. 3 (1972) 179-84.

J. G. KOHL, *Der Verkehr und die Ansiedlung der Menschen* (Arnoldische Buchhandlung, 1841).

F. S. KRISTOF, 'Federal Housing Policies: Subsidized Production, Filtration and Objectives', *Land Economics*, 48 (1972) 309-20.

I. KRISTOL, An Urban Civilization without Citie', *The Washington Post Outlook* (3 December 1972).

S. KUZNETS, *Modern Economic Growth* (Yale University Press, 1966).

J. B. LANSING, R. W. MARANS and R. B. ZEHNER, *Planned Residential Environments* (Ann Arbor, Institute for Social Research, 1970).

A. A. LAQUIAN (ed), *Rural-Urban Migrants and Metropolitan Development* (Intermet, 1971).

A. A. LAQUIAN, *Slums are for People* (Manila, College of Public Administration, 1969).

R. LAWTON, 'An Age of Great Cities', *Town Planning Review*, 43 (1972) 199-224.

E. LEACOCK (ed), *Culture and Poverty* (Simon & Schuster, 1971).

J. LE CORBUSIER, *Concerning Town Planning* (The Architectural Press, 1947).

J. W. LEWIS, *The City in Communist China* (Stanford University Press, 1971).

O. LEWIS, *Five Families: Mexican Case Studies in the Culture of Poverty* (Basic Books, 1959).

______ *La Vida* (Vintage Books, 1968).

E. LICHTENBERGER, 'The Nature of European Urbanism', *Geoforum*, no. 4 (1970) 45-62.

C. E. LINDBLOM, 'The Science of Muddling Through', in *Politics and Social Life*, ed. N. W. Polsby (Houghton Mifflin, 1963).

N. H. LITHWICK, *Urban Canada* (Ottawa, Central Mortgage and Housing

Corporation, 1970).

K. LITTLE, *West African Urbanisation* (Cambridge University Press, 1965).

P. C. LLOYD, *Africa in Social Change* (New York, Penguin Books, 1967).

R. LUBOVE, *The Urban Community* (Prentice-Hall. 1967).

SIR FREDERICK J. D. LUGARD, *The Dual Mandate in British Tropical Africa* (W. Blackwood & Sons, 1920).

A. MABOGUNJE, *Urbanisation in Nigeria* (University of London Press, 1968).

SIR HENRY MAINE, *Ancient Law* (Murray, 1861).

W. MANGIN, 'Latin American Squatter Settlements', *Latin American Research Review*, 2 (1967) 65-98.

R. W. MARANS and W. RODGERS, 'Toward an Understanding of Commu-nity Satisfaction' (Paper prepared for the National Academy of Sciences, National Research Council, 1972).

P. MARRIS, 'African City Life', *Nakanga One* (Kampala, Uganda, Transition Books, 1967).

D. C. MCCLELLAND, *The Achieving Society* (Van Nostrand, 1961).

T. G. MCGEE 'Catalysts or Cancers: The Role of Cities in Asian Society', in *Urbanization and National Development*, ed. L. Jakobson and V. Prakash (Sage Publications, 1971).

______ *The Southeast Asian City* (G. Bell & Sons, 1967).

______ *The Urbanisation Process in the Third World* (G. Bell & Sons, 1967).

R. L. MEIER, *A Communications Theory of Urban Growth* (The M. I. T. Press, 1962).

P. MERLIN, *New Towns* (Methuen, 1969).

W. MICHELSON, *Man and His Urban Environment* (Addison-Wesley, 1970).

S. MILGRAM, 'The Experience of Living in Cities', *Science*, 167 (1970).

E. MILLS, *Urban Economics* (Scott Foresman, 1972).

H. MINER (ed.), *The City in Modern Africa* (Frederick A. Praeger, 1967).

J. W. MOORE, *Mexican Americans* (Prentice-Hall, 1970).

D. P. MOYNIHAN, *Toward a National Urban Policy* (Basic Books, 1970).

L. MUMFORD, *The Urban Prospect* (Harcourt, Brace, 1956).

NATIONAL RESOURCES COMMITTEE, *Our Cities. Their Role in the National Economy* (U. S. Government Printing Office, 1937).

J. NELSON, 'The Urban Poor: Disruption or Political Integration in Third World Cities', *World Politics*, 22 (1970) 398.

F. J. OSBORN and A. WHITTICK, *The New Towns: The Answer to Megalopolis* (L. Hill, 1969).

R. J. OSBORN, 'How the Russians Plan Their Cities', *Trans-Action*, 3 (1966) 25-30.

V. PACKARD, *A Nation of Strangers* (David McKay, 1972).

R. E. PAHL, *Patterns of Urban Life* (Longman, 1970).

R. E. PARK, *Human Communities: The City and Human Ecology* (The Free Press, 1952).

______ *Society* (The Free Press, 1955).

R. E. PARK, E. W. BURGESS and R. D. MCKENZIE, *The City* (University of Chicago Press, 1925).

V. PEREVEDENTSEV, Comments reported in *Current Digest of the Soviet Press*, 21, no. 9 (1972) 8.

C. PERRY, *Housing for the Machine Age* (Russell Sage Foundation, 1939).

H. W. PFAUTZ (ed.), *Charles Booth on the City* (University of Chicago Press, 1967).

A. PINKNEY, *Black Americans* (Prentice-Hall, 1969).

Z. PIORO, M. SAVK and J. FISHER, 'Socialist City Planning: A Reexamination', *Journal of the American Institute of Planners*, 31(1965) 31-42.

R. POETHIG, 'Life Style of the Urban Poor and Peoples' Organization', *Ekistics*, 34 (1972) 104-7.

H. M. PROSHANSKY *et al.*, *Environmental Psychology* (Hoit, Rinehart & Winston, 1970).

J. QUANDT, *From the Small Town to the Great Community* (Rutgers University Press, 1970).

L. RAINWATER, *Behind Ghetto Walls* (Aldine, 1970).

R. REDFIELD, *Folk Culture of Yucatan* (University of Chicago Press, 1941).

______*Peasant Society and Culture: An Anthropological Approach to Civilization* (University of Chicago Press, 1956).

______*Primitive World and its Transformations* (Cornell University Press, 1953).

A. J. REISS, JR, (ed.), *Louis Wirth on Cities and Social LIfe* (University of Chicago Press, 1964).

L. REISSMAN, *The Urban Process* (The Free Press, 1964).

L. G. REYNOLDS, *The Three Worlds of Economics* (Yale University Press, 1971).

B. T. ROBSON, *Urban Analysis* (Cambridge University Press, 1969).

L. RODWIN, *Nations and Cities* (Houghton Mifflin, 1970).

A. A. SAID (ed.), *Protagonists of Change. Subcultures in Development and Revolution* (Prentice-Hall,1971).

M. SANTOS, *Les Villes du Tiers Monde* (Paris, Éditions M-Th. Génin, 1971).

A. S. SHACHAR, 'Israel's De velopment Towns. Evaluation of a National Urbanization Policy', *Journal of the American Institute of Planners*, 37 (1971) 362-72.

M. SCOTT, *American City Planning Since* 1890 (Berkeley, The University of California Press, 1969).

J.-J. SERVAN-SCHREIBER, *The American Challenge* [*Le Défi améri-cain*] (Paris, Denoël, 1967).

G. SIMMEL, *Die Grosstädte und das Geistesleben*, in *Die Grossstadt*, ed. T.

Petermann (Zahn & Jaensch, 1903).

G. SJOBERG, 'Cities in Developing and in Industrial Societies: A Cross-Cultural Analysis', in *The Study of Urbanization*, ed.

P. M. Hauser and L. F. Schnore (John Wiley & Sons, 1967).

______ *The Pre-Industrial City* (The Free Press, 1960).

N. J. SMELSER, *Social Change in the Industrial Revolution* (University of Chicago Press, 1959).

L. SROLE, 'Urbanization and Mental Health: Some Reformulations', *The American Scientist*, 60 (1972) 576-83.

______ *et al.*, *Mental Health in the Metropolis* (McGraw-Hill, 1962).

M. STALLEY, *Patrick Geddes* (Rutgers University Press, 1972).

A. L. STRONG, *Planned Urban Environments* (The Johns Hopkins University Press, 1971).

W. G. SUMNER, *Folkways* (Ginn, 1906).

G. D. SUTTLES, 'Community Design' (Paper prepared for the National Research Council, National Academy of Sciences, 1972).

G. D. SUTTLES, *The Social Construction of Communities* (The University of Chicago Press, 1972).

______ *The Social Order of the Slum* (University of Chicago Press, 1968).

K. E. and A. F. TAEUBER, *Negroes in Cities* (Aldine, 1965).

R. THOMAS, *London's New Towns* (P. E. P., 1969).

H. TISDALE, 'The Process of Urbanization', *Social Forces*, 20 (1942) 311-16.

F. TONNIES, *Gemeinschaft und Gesellschaft* (Fues's Verlag, 1887).

M. TREBOUS, *Migration and Development* (Paris, Development Centre of O. E. C. D., 1968).

J. F. C. TURNER, *Uncontrolled Urban Settlement: Problems and Policies* (United Nations, New York, Department of Economics and Social Affairs, 1968).

______ and R. FICHTER, *Freedom to Build* (New York, The Macmillan

Co., 1972).

R. TURNER, *India's Urban Future* (Berkeley, University of California Press, 1962).

D. TURNHAM and I. JAEGER, *The Employment Problem in Less Developed Countries* (Paris, Development Centre of O. E. C. D., 1971).

C. VALENTINE, *Culture and Poverty. Critique and Counterproposals* (University of Chicago Press, 1968).

R. VAUGHAN, *The Age of Great Cities* (Jackson & Walford, 1843).

G. WALLAS, *The Great Society. A Psychological Analysis* (New York, The Macmillan Co., 1914).

D. WARD, *Cities and Immigrants* (Oxford University Press, 1971).

S. B. WARNER, JR, *The Private City* (University of Pennsylvania Press, 1968).

______*The Urban Wilderness* (Harper & Row, 1972).

M. L. WAX, *Indian Americans* (Prentice-Hall, 1971).

M. M. WEBBER, 'Order in Diversity: Community Without Propinquity', in *Cities and Space*, ed. L. Wingo (Johns Hopkins University Press, 1963) 23-56.

A. F. WEBER, *The Growth of Cities in the Nineteenth Century* (New York, The Macmillan Co., 1899).

M. WEBER, *The City* (The Free Press, 1958).

______*Wirtschaft und Gesellschaft* (Tübingen: Mohr-Siebeck, 1922).

H. G. WELLS, *Anticipations. The Reaction of Mechanical and Scientific Progress on Human Life and Thought* (London, Harper & Row, 1902).

M. and L. WHITE, *The Intellectual Versus the City* (Harvard University Press, 1962).

W. A. WHYTE, JR, *The Organization Man* (Doubleday, 1956).

R. H. WIEBE, *The Search for Order* (Hill & Wang, 1967).

D. F. WILCOX, *The American City. A Problem in Democracy* (New York, Macmillan, 1904).

P. WILLMOTT, *The Evolution of a Community* (Routledge & Kegan Paul, 1963).

______ and M. YOUNG, *Family and Class in a London Suburb* (Routledge & Kegan Paul, 1960).

L. WIRTH, 'Urbanism as a Way of Life', *American Journal of Sociology*, XLIV (1938) 1-24.

WORLD BANK, *Urbanization* (Washington. D. C., I. B. R. D., 1972).

F. L. WRIGHT, *Architecture and Modern Life* (Longmans, Green, 1932).

______ *The Living City* (Horizon Press, 1958).

T. YAZAKI, *Social Change and the City in Japan* (San Francisco, Japan Publications, 1968).

R. K. YIN (ed.) *The City in the Seventies* (F. E. Peacock, 1972).

M. YOUNG and P. WILLMOTT, *Family and Kinship in East London* (Penguin Books, 1957).

R. B. ZEHNER, 'Neighborhood and Community Satisfaction in New Towns and Less Planned Suburbs', *Journal of the American Institute of Planners*, 37 (1971) 379-85.

SUPPLEMENTARY REFERENCES, 1970-81

J. L. ABU-LUGHOD, 'Developments in North African Urbanism: The Process of Decolonization', in *Urbanization and Counterurbanization*, ed Brian J. L. Berry (Sage Publications, 1976) pp. 189-90.

W. ALONSO, 'The Current Halt in the Metropolitan Phenomenon', in *The Mature Metropolis*, ed. C. Leven (D. C. Heath, 1978).

G. ALEXANDERSSON and T. FALK, 'Changes in the Urban Pattern of Sweden, 1960-1970: The beginning of a return to small urban places?', *Geoforum*, 18 (1974) 87-92.

E. ARRIAGA, 'Selected Measures of Urbanization', in *The Measurement of Urbanization and Projection of Urban Population*, ed. Goldstein and D. Sly (Liege, Belgium: IUSSP, 1975)-cited in Jacques Ledent and Andrei Rogers, *Migration and Urbanization in the Asian Pacific* (Laxenburg,

Austria: IIASA, 1979) p. 5.

C. BEALE, 'The Recent Shift of the United States Population to Nonmetropolitan Areas, 1970-75', *International Regional Science Review*, 2 (1977) 113-22.

B. J. L. BERRY, 'The Geography of the United States in the Year 2000', *Transactions of the Institute of British Geographers*, 51 (1973) 21-53.

______ *The Human Consequences of Urbanisation* (Macmillan, 1973).

______ 'The Decline of the Aging Metropolis: Cultural Bases and Social Process', in *Post Industrial America*, ed. G. Sternlieb and J. W. Hughes (Rutgers University Press, 1976).

______ 'The Counterurbanization Process: Urban America since 1970', in *Urbanization and Counterurbanization*, ed. B. J. L. Berry (Sage Publications, 1976) pp. 17-30.

______ 'Transformation of the Nation's Urban System: Small City Growth as a Zero-Sum Game', in *Small Cities in Transition*, ed. H. Bryce (Ballinger, 1977) pp. 338-340.

______ and D. DAHMANN, 'Population Redistribution in the United States in the 1970s', *Population and Development Review*, 3 (1977) 443-71.

______ and Q. GILLARD, *The Changing Shape of Metropolitan America: Commuting Patterns, Urban Fields and Decentralization Processes*, 1960-1970 (Ballinger, 1976).

______ and L. P. SILVERMAN (eds). *Population Redistribution and Public Policy* (National Academy of Sciences, 1980).

K. BIES and K. TEKSE, 'Migration and Settlement in Hungary', IIASA Working Paper *WP*-78-20 Laxenburg, Austria: (International Institute for Applied Systems Analysis, 1978).

H. BLUMENFELD, 'Growth Rate Comparisons: The Soviet Union and German Democratic Republic', *Land Economics*, 49 (1973) 122-32.

______ 'The Effects of Public Policy on the Future Urban System', in L. Bourne *et al.*, *Urban Futures for Central Canada* (University of Toronto

Press, 1974) pp. 194-8.

L. S. BOURNE, *Urban Systems: Strategies for Regulation* (Clarendon Press, 1975).

______ 'Alternative Perspectives on Urban Decline and Population Deconcentration: A Call for Dialogue and New Theories', *Urban Geography*, 1 (1980) 39-52.

______ 'Emerging Spatial Configurations of Urban Systems: A Review of Comparative Evidence', (Center for Urban and Community Studies, University of Toronto, 1980).

______ and M. I. LOGAN, 'Changing Urbanization Patterns at the Margin: The examples of Australia and Canada', in *Urbanization and Counterurbanization*, ed. Brian J. L. Berry (Sage Publications, 1976) pp. 111-44.

L. S. BOURNE, and J. W. SIMMONS (eds), *Systems of Cities: Readings on Structure Growth and Policy* (Oxford University Press, 1978).

______ ______ *Canadian Settlement Trends: An Examination of the Spatial Pattern of Growth* 1971 76. Major Report is (Center for Urban and Community Studies, University of Toronto, 1979).

H. BRYCE (ed.) *Small Cities in Transition* (Ballinger, 1977).

E. C. CONKLING and J. E. MCCONNELL, 'Dynamics of Urbanization in the Central American Common Market', in *Urbanization and Counterurbanization*, ed. Brian J. L. Berry (Sage Publications, 1976) pp. 267-84.

R. COWAN and KELVIN MACDONALD, 'Changing Views on Town Planning in Great Britain', in *Changing Cities: A Challenge to Planning*, special september 1980 issue of *The Annals of the American Academy of Political and Social Science*, 130-41.

J. H. CREVECOEUR, St John de, *Letters from an American Farmer* (London: Thomas Davies, 1782).

R. DREWETT, 'Changing Urban Structures in Europe', in *Changing Cities: A Challenge to Planning*, special September 1980 issue of *The Annals of the American Academy of Political and Social Science*, 52-75.

______J. GODDARD and N. SPENCE, 'Urban Britain: Beyond Containment', in *Urbanization and Counterurbanization*, ed Brian J. L. Berry (Sage Publications. 1976) pp. 43-80.

K. DZIEWONSKI, 'Analysis of Settlement Systems: The State of the Art', *Papers of the Regional Science Association*, 40 (1978) 39-52.

______*et al.* (eds), *National Settlement Systems*, Reports from the I. G. U. Commission on National Settlement Systems (Polish Academy of Sciences, Warsaw, 1979).

______M. JERCZYNSKI and P. KORCELLI, 'The Polish Settle ment System', in *National Settlement Systems*. ed. K. Dziewonski *et al*. Reports from the I. G. U. Commission on National Settlement Systems (Polish Academy of Sciences, Warsaw, 1979).

E. DUNN, JR, *The Development of the U. S. Urban System* (Johns Hopkins for Resources for the Future, 1980).

T. J. D. FAIR and R. J. DAVIES, 'Constrained Urbanization: White South Africa and Black Africa Compared', in *Urbanization and Counterurbanization*, ed. Brian J. L. Berry (Sage Publications, 1976) pp. 145-68.

S. FAISSOL, 'Urban Growth and Economic Development in Brazil in the 1960s', in *Urbanization and Counterurbanization*, ed. Brian J. L. Berry (Sage Publications, 1976) pp. 169-88.

N. GLICKMAN, *The Growth and Management of the Japanese Urban System* (Academic Press, 1978).

P. GORDON, 'Deconcentration without a Clean Break', *Environment and Planning A*, 11 (1979) 281-90.

P. HALL, 'New Trends in European Urbanization', in *Changing Cities: A challenge to Planning*, special September 1980 issue of *The Annals of the American Academy of Political and Social Science*, 45-51.

______and D. HAY, *Growth Centers in the European Urban System* (California, 1980).

S. ILLERIS, 'Recent Development of the Settlement Systems of Advanced

Market Economy Countries' ,*Geografisk Tidskrift*, 78 (1979) 49-56.

R. G. JENSON, 'Urban Environments in the United States and the Soviet Union: Some Contrasts and Comparisons', in *Urbanization and Counterurbanization*, ed. Brian J. L. Berry (Sage Publications, 1976) pp. 31-42.

T. KAWASHIMA and P. KORCELLI (eds), *Urbanization Processes: The Experiences of Eastern and Western Countries* (London: Pergamon for IIASA, Laxenburg, Austria, 1980).

L. KLAASSEN and J. PAELINCK, 'The Future of Large Towns', *Environment and Planning A*, 11 (1979) 1095-1104.

R. LAMB, *Metropolitan Impacts on Rural America*, Department of Geography Research Paper No. 162 (University of Chicago, 1975).

J. LEDENT and A. ROGERS, *Migration and Urbanization in the Asian Pacific*, IIASA Working Paper *WP*-79-51 (Laxenburg, Austria: International Institute for Applied Systems Analysis, 1979).

C. LEYEN (ed.), *The Mature Metropolis* (Lexington Books, D. C. Heath, 1978).

E. LICHTENBERGER, 'The Changing Nature of European Urbanization', in *Urbanization and Counterurbanization*, ed. Brian J. L. Berry (Sage Publications, 1976) pp. 81-108.

H. LÜDEMANN, and J. HEINZMANN, 'On the Settlement System of the German Democratic Republic: Development Trends and Strategies', in *Human Settlement Systems: International Perspectives on Structure, Change, and Public Policy*, ed. N. H. Hansen (Ballinger, 1978).

D. MASSEY and R. MEEGAN, 'Industrial Restructuring versus the Cities', *Urban Studies*, 15 (1978) 273-8.

K. MCCARTHY and P. MORRISON, 'The Changing Demographic and Economic Structure of Nonmetropolitan Areas in the United States', *International Regional Science Review*, 3 (1977) 123-42.

M. L. MCNULTY, 'West African Urbanization,' in *Urbanization and Counterurbanization*, ed. Brian J. L. Berry (Sage Publications, 1976) pp.

213-32.

P. MERLIN,'The New Town Movement in Europe', in *Changing Cities: A Challenge to Planning*, special September 1980 issue of *The Annals of the American Academy of Political and Social Science*, 76-85.

G. MOHS,'Migration and Settlement in the German Democratic Republic', IIASA Working *WP*-79-17 (Laxenburg, Austria: International Institute for Applied Systems Analysis. 1979).

R. MORRILL,'Stages in Patterns of Population Concentration and Dispersal', *Professional Geographer*, 31(1979) 55-65.

R. MURPHEY, 'Chinese Urbanization Under Mao', in *Urbanization and Counterurbanization*, ed. Brian J. L. Berry (Sage Publications, 1976) pp 311-30.

R. D. NORTON, *City Life Cycles and American Urban Policy* (Academic Press, 1979).

A. PRED, *Systems of Cities in Advanced Economies* (Hutchinson. 1977).

J. REES,Technological Change and Regional Shifts in American Manufacturing', *Professional Geographer*, 31(1979) 45-54.

B. RENAUD, *National Urbanization Policies in Developing Countries*, World Bank Staff Working Paper No. 347 (The World Bank, 1979) 3-4.

I. M. ROBINSON, *Canadian Urban Growth Trends: Implications for a National Settlement Policy* (Vancouver, B. C.: Centre for Human Settlements, University of British Columbia, 1980).

L. RODWIN,'On the Illusions of Planners', unpublished manuscript (Massachusetts Institute of Technology, 1980).

P. SCHÖLLER,'The Problems and Consequences of Urbanization', in *Essays on World Urbanization*, ed. R. Jones (Commission on the Processes and Patterns of Urbanization, The International Geographical Union) (George Philip & Sons, 1975).

E. W. SOJA and C. E. WEAVER,'Urbanization and Underdevelopment in East Africa', in *Urbanization and Counterurbanization*, ed. Brian J. L.

Berry (Sage Publications, 1976) pp. 233-66.

G. STERNLIEB and J. HUGHES, 'New Regional and Metropolitan Realities of America', *Journal of American Institute of Planners*, 43(1977) 227-40.

H. SWAIN and R. MACKINNON, *The Management of Urban Systems* (Laxenburg Austria: IIASA, 1976).

W. THOMPSON, 'The Urban Development Process', in *Small Cities in Transition* ed, H. Bryce (Ballinger, 1977) pp. 95-113.

C. TUCKER, 'Changing Patterns of Migration between Metropolitan and Nonmetropolitan Areas in the United States: Recent Evidence', *Demography*, 13 (1976) 435-43.

D. VINING and T. KONTULY, 'Population Dispersal from Major Metropolitan Regions: An International Comparison', *International Regional Science Review*, 3 (1978) 49-73.

______ and A. STRAUSS, 'A Demonstration that the Current Deconcentration of Population in the United States is a Clean Break with the Past', *Environment and Planning A*, 9 (1977) 751-8.

______ JR, ROBERTL. PALLANE and CHUNG HSIN YANG, 'Population Dispersal from Core Regions: A Description and Tentative Explanation of the Patterns in 20 Countries' (Working Paper in Regional Science and Transportation, University of Pennsylvania, 1980).

J. W. WATSON, 'Image Geography: The Myth of America in the American Scene', *Advancement of Science*, 27 (1970) 1-9.

Y. YEUNG, 'Southeast Asian Cities: Patterns of Growth and Transformation', in *Urbanization and Counterurbanization*, ed. Brian J. L. Berry (Sage Publications, 1976) pp. 285-310.

索　引

（数字系英文原版页码，本书中为边码。）

图书在版编目(CIP)数据

比较城市化:20世纪的不同道路/(美)布赖恩·贝利著;顾朝林等译.—北京:商务印书馆,2017
(汉译世界学术名著丛书:120年纪念版:珍藏本)
ISBN 978-7-100-14355-4

Ⅰ.①比… Ⅱ.①布… ②顾… Ⅲ.①城市化—对比研究—世界 Ⅳ.①F299.1

中国版本图书馆CIP数据核字(2017)第154926号

汉译世界学术名著丛书
(120年纪念版·珍藏本)
比较城市化
——20世纪的不同道路
〔美〕布赖恩·贝利 著
顾朝林 汪 侠 俞金国
赵玉宗 薛俊菲 张从果 译
彭 翀 杨兴柱 刘贤腾

商 务 印 书 馆 出 版
(北京王府井大街36号 邮政编码100710)
商 务 印 书 馆 发 行
北京通州皇家印刷厂印刷
ISBN 978-7-100-14355-4

2017年12月第1版 开本710×1000 1/16
2017年12月北京第1次印刷 印张18¼
定价:90.00元